가족을 다 안다는 착각

가족을 ———— ✳
✳ —— 다 안다는
착각 —— ✳

가족상담 전문가
최광현 교수의

우리 가족을 지키는
관계 공부

최광현 지음

빌리버튼 billybutton

가족을 다 안다는 착각

부모가 된다는 것은 인생에 있어 새로운 단계로 진입하는 것을 의미합니다. 자녀로서 살아왔던 방식에서, 이제는 부모라는 새로운 방식으로 전환할 때입니다. 부모가 된 자녀는 오래전 부모와 맺은 관계의 방식을 무의식적으로 반복하며 부부가 되고, 또 부모가 되어 자녀를 양육하는 것을 보게 됩니다.

제가 상담현장에서 늘 느끼는 것이 있습니다. 가족 안에서 발생하는 문제는 종종 그 가족에게 처음이 아니라는 사실입니다. 물론 문제를 겪는 당사자들에게는 낯선 문제 같겠지만, 가족사를 거슬러 올라가 보면 이미 어떤 식으로든 이전 세대에 발생했던 문제가 현세대에서 반복되고 있는 것입니다. 저는 우리 인생은 부모의 인생으로부터 이미 절반은 채워진 상태에서 시작된다고 봅니다. 어떻게 배우자를 선택하고 소통할지, 어떻게 목표를 달성할지, 어떻게 내면의 불편함을 다루고 해결할지 등 수많은 부분에서 우리는 부모에게서 영향 받은 방식대로 살아갑니다.

결혼 후 오히려 불행하다고 느끼는 이들의 상당수는 원인을 배우자나 자녀에게 돌립니다. 그러나 그 문제 안으로 들어가면 부모로서 자신의 삶이 행복하지 않은 데에 이유가 있습니다. 행복을 위한 근본적인 변화를 얻으려면 좀 더 냉정하게 현재 나의 상황을 볼 수 있어야 합니다. 가족치료사 버지니아 사티어Virginia Satir는 행복은 배우자나 자녀를 통해 얻는 것이 아닌, 나 스스로 책임지는 것에서 얻는 것이라고 했습니다. 불행의 책임을 상대편으로 돌리고, 상대편의 변화만 바라면, 안타깝지만 행복을 얻을 수 없습니다.

그러면 어떻게 해야 할까요? 일종에 가족관계의 1+1을 알아차리는 것이 필요합니다. 상대방에 대한 실망과 미숙으로 인한 불행감이 1이며, 나머지 1은 내 안에 있다는 사실을 알아차리는 것입니다. 1+1이라는 사실을 알아차리면 좀 더 상대에게 관대해지게 되고, 이것은 관계 안에 순기능의 작용으로 이어집니다.

부모가 자신을 알아야 하는 것처럼, 부모로서 자녀에 대해서도 알려고 노력해야 합니다. 아이가 모든 것에 미숙하고 처음인 것처럼, 부모도 부모가 처음이기 때문입니다. 부모는 아이의 기질, 아이의 욕구, 아이 발달에 대해 알아야 합니다. 아이를 대할 때 어른의 시각이 아닌 아이 입장이 되어야만 아이를 이해할 수 있습니다. 부모가 아이를 알고 이해할수록 실수 없이 아이의 성장을 도울 수 있습니다. 아이에 대해서 알면 알수록 아이는 더 잘 성장할 수 있습니다.

아무쪼록 여러분이 앞으로 펼쳐질 자녀, 부모, 부부, 가족의 이야기에서 긍정적인 에너지를 얻길 바랍니다. 마지막으로, 늘 옆에서 많은 조언을 통해 글을 완성하도록 도와준, 사랑하는 아내와 아들에게 고맙다는 말을 전하고 싶습니다.

차례

1장

이 시대의 서툰
부모들에게

2장

문제적 행동을 보이는 아이들과
공존하는 법

3장

밝은 가정을 향한
작지만 확실한 한걸음

1장

이 시대의
서툰
부모들에게

상처로 인해 ◆ 아이를 거부하는 부모

워킹맘 수영 씨는 남편과 시댁 식구들의 성화에 못 견디어 둘째를 낳았습니다. 그런데 이번에는 첫째를 임신했을 때와는 달리 입덧도 심하고, 임신 중독에 걸려 심하게 고생했을 뿐만 아니라, 출산할 때에도 엄청난 통증으로 말 그대로 죽을 뻔했습니다.

수영 씨는 그렇게 태어난 둘째를 자기도 모르게 거부했고, 영문도 모른 채 거부당한 아이는 더욱 매달려 왔습니다. 게다가 둘째 아이는 첫째와는 달리 기질이 까다로워 손이 많이 갔는데, 수영 씨가 잠시라도 자리를 비우면 자지러지게 울어 아이 할머니, 할아버지에게도 맡길 수 없을 정도였습니다. 덕분에 수영 씨의 복직은 까마득한 일이 되었습니다. 이제 수영 씨는 둘째가 자신의 모든 것을 빼앗아 간 것처럼 느껴져 둘째를 낳자고 주장한 남편도, 시댁도 너무나 원망스러웠습니다. 더불어 엄마로서 자기가 낳은 아이를 미워한다는 사실에 커다란 죄책감에 빠져들기도 했습니다.

임신 기간이 유난히 힘들었거나, 출산 때 난산을 겪으면 무의식적으로 아이를 거부할 수 있습니다. 아이가 너무나 큰 고통을 안겨 준 나머지 그것이 출산했다는 기쁨보다 더 크게 느껴지기 때문이죠. 이러한 일은 자연에서도 흔히 일어납니다.

몽골에서는 말이나 낙타가 난산으로 인해 새끼를 거부하면 어미를 위해 '마두금'이라는 악기를 연주해 줍니다. 마두금의 구슬픈 가락이 어미의 마음에 깊은 울림과 위로를 주는지 신기하게도 얼마 가지 않아 어미들은 그동안 거부하던 새끼에게 젖을 물리곤 합니다.

우리 인간은 생각보다 이성적이지 않습니다. 오히려 무의식적이고 감정적이죠. 통증이 만들어 낸 억압된 감정, 복수심, 내면화된 좌절감, 그리고 분노는 이성적인 판단과 행동을 마비시킵니다.

아이를 거부하는 엄마에게 필요한 것은 책임감 고취가 아닌 위로입니다. 긴 고통의 시간을 건너온 엄마에게는 그 고통에 대한 존중과 위로가 필요합니다. 엄마니까 당연히 아이를 돌보아야 한다? 엄마도 사람입니다. 고통을 겪은 엄마에게는 충분한 돌봄이 제공되어야만 합니다. 하지만 이러한 돌봄조차 받지 못하고 아이를 홀로 양육하는 무거운 책임에 내몰리는 경우가 대부분입니다.

아이를 거부하는 또 다른 경우는, 먼저 태어난 아이를 잃었거나 여러 번 유산을 경험한 경우입니다. 이전에 잃은 아이에 대한 깊은 죄책감과 수치심이 태어난 아이에게 집중하지 못하도록 눈앞을 가리는 것입니다. 또는 태어난 아이를 죽은 아이와 동일시해 건강한 양육 환경을 갖추지 못할 수도 있습니다. 이때 균형 잡힌 정서와 온전히 자기에게 집중하는 엄마를 경험하지 못한 아이는 아기는 커가며 엄마와의 애착관계에서 어려움을 겪을 수 있습니다.

제안
: 상처를 치료해 주는 건 진심 어린 존중이다

오랫동안 상담사로 활동하면서 여성들이 결혼 생활에서 많은 상처를 받는다는 것, 그중에서도 가장 깊은 상처는 엄마가 되는 과정과 관련되어 있다는 사실을 알게 되었습니다. 예를 들어 남편이 임신을 환영하지 않거나, 임신 중임을 배려하지 못한 무심한 한 마디에 아내는 큰 상처를 받을 수 있습니다. 특히 임신과 출산의 과정에서 발생한 상처는 좀처럼 잊기 어렵고, 긴 회복의 시간을 필요로 합니다. 안나 프로이트Anna Freud(프로이트의 딸이자 아동정신분석의 창시자)는 "필요한 것을 충분히 지원해 줄 수 있는 좋은 남편을 둔 여성이 좋은 엄마가 된다"라고 말했는데, 이 말이 마음 깊이 다가오는 지점입니다. 충분한 존중과 지원을 받지 못한 상태로 아이를 양육하면 마음에 응어리가 맺히고, 이러한 마음의 응어리는 부부관계뿐만 아니라 아이와의 관계에서도 수많은 어려움을 발생시킵니다. 무엇보다 부모자녀 사이에 좋은 관계를 맺고 유지하는 것이 어려워져 아이의 발달에 부정적인 영향을 끼칠 수 있습니다.

회복은 엄마가 겪은 몸과 마음의 고통에 대한 깊은 존중으로부터 시작됩니다. 존중이야말로 최고의 치료제죠. 그러나 존중은 엄마 스스로 만들 수 있는 것이 아닙니다. 남편을 비롯한 주변 가족들의 따뜻한 말 한마디, 고마움이 담긴 시선 등을 통해서 얻는 것입니다. 배우자는 주기적으로 아내의 몸과 마음을 마사지해 주고, 따뜻한 격려의 한 마디를 전하며 좋은 배우자가 될 수 있도록 노력해야 합니다.

○ 오늘 하루 육아하느라 수고한 아내의 어깨를 주물러 주세요.

○ 애정을 담아 오늘 하루에 대해 질문해 보세요. 아이에 대한 질문보다는 아내에 초점을 맞추고 질문하는 편이 더 좋습니다.

예: "오늘 하루 힘들진 않았어?", "점심은 잘 챙겨 먹었어?"

○ 작은 친절에도 고맙다고 말하는 습관을 가져 보세요. 예를 들어 하루에 "고마워"라는 말을 세 번 이상하기로 마음먹으면 가족들의 하루가 달라지 겠죠?

아이와 부모 사이의 ◆ 힘겨루기

이제 겨우 한 살 정도 된 아이가 부모와 힘겨루기를 한다는 것에 대해 어떻게 생각하세요? 이것에 대해서는 "너무 과하게 표현한 거 아니야?", "그런 일이 종종 있긴 하지" 등 여러 의견이 나올 수 있습니다. 그렇다면 부부 사이에 힘겨루기가 있다는 것에 대해서는 어떻게 생각하세요?

철학자 프리드리히 니체Friedrich Nietzsche와 심리학자 알프레드 아들러Alfred Adler는 힘겨루기는 인간의 본성이라고 말했습니다. 이렇듯 힘겨루기는 우리의 일상과 수많은 관계에서 흔히 볼 수 있는 익숙한 주제입니다.

남녀가 결혼하면 두 사람 사이에서는 무수한 힘겨루기가 펼쳐집니다. 정확하게 말하면 이는 원(原)가족 사이의 힘겨루기입니다. 두 사람은 결혼 전 자기가 속했던 원래 가족의 문화, 규칙, 감정의 경계선 등 가족 안에서 공유했던 것들을 새로운 가정으로 가져오려고 합니다. 두 사람 모두 자신의 원가족 경험을 가져오려고 하기 때문에 이것이 주도권 싸움으로 번지고, 결과적으로 힘겨루기가 시작되는 것입니다.

부부가 결혼 초반에 겪는 과도기를 단지 힘겨루기로만 받아들여 이기고 지는 것에만 집중하면 이후로도 일상의 많은 부분에서 사사건건 부닥치게 됩니다. 중요한 것은 상대방이 나와 어떻게 다른지, 그리고 그 차이를 어떻게 받아들일지를 판단하는 능력에 달렸습니다.

낮은 자존감을 가진 부부는 서로의 차이점을 받아들이고 서로를 건강한 방식으로 다룰 수 없습니다. 만일 부부가 서로의 차이를 받아들이지 않고 힘겨루기에만 몰두하면 끝내 절망적 관계로 변모할 수 있습니다.

게다가 이러한 부부에게 아이가 생기면 힘겨루기는 아이를 둘러싸고 더욱 확산됩니다. 아이는 성장하면서 부모 중 누군가를 지지하도록 요구받거나, 가족 안의 긴장과 갈등을 해소 또는 완화하도록 일정한 역할을 요구받습니다. 또한 부모 사이에 존재하는 긴장과 갈등 속에서 성장해야 합니다. 감정적으로 지쳐 있는 부모는 아이에게 필요한 역할을 수행하기 어렵거든요.

또한 부부간에 발생한 힘겨루기의 양상은 아이에게서 이어집니다. 두 부부 사이의 힘겨루기가 해결되지 않고 남아 있는 상태라면 이제는 아이와 힘겨루기할 가능성이 커집니다.

아기는 엄마의 자궁에서 나와 이 세상에 태어나자마자 '사회적인 자궁'의 돌봄을 받게 됩니다. 태어난 직후 아기는 우는 것과 웃는 것 말고는 자기 의사를 표현할 방법을 모르는 상태입니다. 따라서 순수하고 직접적입니다. 자신의 욕구가 채워지지 않거나 기분이 좋으면 즉시 표현하며, 성인들처럼 에둘러 표현하지 않습니다.

이전에 아기를 돌본 경험이 있는 사람이라면 아이가 무엇을 원하고 요구하는지 쉽게 알 수 있겠지만, 이제 갓 부모가 된 부모들은 아기의 행동을 충분히 관찰하거나 아기의 상황에 감정이입을 해야만 상태를 파악할 수 있습니다. 부모들은 아기가 보내는 신호에 민감해야 하고, 급박한 신호는 양육자의 직감적인 능력으로 알아차려야 합니다. 아기는 부모가 자신의 신호에 민감하게 반응해 욕구를 채워 주면 안전함, 보호받는 느낌을 느끼고 편안함을 경험합니다. 하지만 부모가 신호를 알아차리지 못하고 혼란스러워하면 본능적으로 생존 기제를 작동시킵니다. 그렇게 되면 아기는 부모에게서 힘을 쟁취하기 위해 애를 씁니다. 힘겨루기가 시작되는 것이죠.

치료실에 오는 아이들에는 크게 두 종류가 있습니다. 강한 지배욕으로 주변 환경에 적응하지 못하는 아이, 그리고 무기력한 아이입니다. 종종 어린아이들에게서 보이는 엽기적일 정도로 공격적이고 악마 같은 행동 뒤에는 채워지지 않은 의존 욕구가 있습니다. 아이는 안전과 보호 속에서 의존 욕구를 채우지 못하면 부모와 힘겨루기하는 아이가 되어 버립니다. 한 가지 사례를 들어 볼까요?

5살 미영이는 엄마에게 무엇을 요구할 때 단지 손으로 가리킵니다. 아이가 손으로 여러 가지를 가리키기만 하면 엄마가 알아듣고 요구하는 것을 해 줍니다. 만일 엄마가 자신의 의도를 알아듣지 못하면 미영이는 불현듯 소리를 지르고 화를 내기 시작합니다.

뿐만 아니라 미영이는 방 안에 늘 자기가 좋아하는 피규어를 세워놓는데, 누가 이것을 쓰러뜨리거나 피규어가 저절로 넘어지기라도 하면 하루 종일 울면서 화를 냅니다. 미영이의 엄마는 미영이가 화를 내지 않도록 알아서 비위를 맞춰 주는 충실한 시녀 같은 생활을 해 왔습니다.

아이는 엄마에 대해 고집과 반항으로 실랑이를 벌이면서 점차 자신의 힘을 인식합니다. 부모와 아이는 아이에게 가장 중요한 잠과 식사부터 실랑이를 시작하게 됩니다. 아이가 자랄수록 점차 욕구가 많아지기 마련이고, 아이가 까다로워질수록 부모는 더욱 절절매며 종처럼 비위를 맞춰 줄 수밖에 없게 됩니다. 그러면 아기는 부모를 소유하고 마음대로 할 수 있는 권력을 갖게 됩니다. 기를 쓰고 떼를 쓰는 아이는 사실 엄마와 끔찍한 힘겨루기를 하고 있는 것입니다. 아이가 부모에 대한 지배권의 존재를 알아차리면서 지배욕은 더욱 높아지고, 아이는 더욱 까다롭고 적응력이 부족한 아이로 남게 됩니다.

제안

: 적절한 통제가 필요하다

부부가 주도권과 힘겨루기를 하는 이유는 서로의 차이점을 받아들이지 못하는 것에서 비롯됩니다. 한편 아이가 부모와 힘겨루기를 하는 이유는 부모가 아이의 욕구를 채워주지 못했기 때문입니다. 아이의 욕구에 잘 반응해 주지 못하는 부모에는 주로 다음과 같은 부류가 있습다.

아이의 욕구에 적절히 반응하지 못하는 부모들

둔감한 부모, 기분에 따라 비일관적인 태도를 보이는 부모, 경제적 위기 또는 심각한 부부싸움으로 삶의 위기를 겪는 부모, 주도권을 두고 힘겨루기에 지나치게 몰두한 부모 등.

힘겨루기의 악순환에서 빠져나오는 데 꼭 필요한 행동이 있습니다. 바로 상대방의 관점에서 생각하는 것입니다. 상대방에 대한 기존의 시선을 버리고, 역지사지의 태도를 가지는 것이 필요합니다.

이는 주도권을 두고 갈등하는 부부뿐만 아니라 힘겨루기를 통해 부정적인 행동을 드러내는 아이를 둔 부모에게도 필요합니다. 물론 아이가 보이는 부정적인 행동만 보면, 아이에게 감정이입하기가 어렵습니다. 하지만 꼭 한번 아이의 시선에서 부모인 자신을 바라보세요. 아이의 시선에서 아이가 무엇을 원하고 요구하는지 살펴보세요.

아이의 지나친 요구와 힘겨루기를 진정시킬 수 있는 것은 부모의 민감한 자세와 적절한 통제뿐입니다. 부모가 아이의 욕구에 적절하게 반응해 주면, 아이의 기본적인 생존과 안전의 욕구가 해소되므로 힘겨루기 역시 진정될 것입니다.

적절한 통제는 쉽게 흥분하고 부정적인 감정에 사로잡혀

어쩔 줄 모르는 아이에게 진정의 효과를 발휘합니다. 적절한 통제에는 어떤 방법이 있을까요? 바로 아이의 부정적인 행동에 무관심한 태도를 유지하고, 잘한 행동에는 많은 칭찬을 해 주어 부모의 주도권을 발휘하는 것입니다.

저는 통제를 다른 말로는 '경계'라고 표현할 수 있다고 생각합니다. 아이가 부모와의 관계에 일정한 경계가 있다는 사실을 알아차리게 해야 합니다. 그래야만 힘겨루기의 악순환을 끊어낼 수 있습니다.

정서적 유산의 대물림

　　여기, 아이와 놀아 주는 시간을 시간 낭비처럼 느끼고, 남편이나 아이에게마저 손해 보고 싶지 않은 여성이 있습니다. 겉보기에 심히 이기적인 그녀의 뒤에는 놀랍게도 정반대의 삶을 살았던 어머니에 대한 사연이 있습니다.

　그녀의 어머니는 지나친 희생형 부모였습니다. 무능한 남편과 무서운 시어머니, 책임감을 짊어지게 만든 자녀들. 어머니의 삶은 희생 그 자체였습니다. 고생하는 어머니의 모습을 지켜보며 자란 딸은 "난 엄마처럼 살지 않을 거야"라고 다짐하며, 그것을 인생의 신조로 삼았습니다. 이렇듯 그녀의 이기적인 모습은 부모로부터 물려받은 '정서적 유산'과 연결되어 있습니다.

'정서적 유산'이란 무엇일까요? 우리는 부모, 조부모로부터 긍정적이고 힘이 되는 것만 물려받는 것이 아닙니다. 비밀스럽고 상처가 되는 것도 함께 물려받습니다. 이러한 정서적 유산은 가족 내의 모든 세대에 걸쳐 일관적으로 나타나는 특성입니다. 세상의 모든 가족이 그들만의 좋은 면과 나쁜 면을 공유하고 있는 것이지요.

정서적 유산은 가족의 문제와 갈등이 어느 날 한순간에 만들어지는 것이 아니라, 오랜 기간 가족 안에서 세대를 거치며 전수되었음을 의미합니다. 우리 사회의 대부분은 인생이라는 여정에 있어 가족의 기대와 의무를 지고 시작하므로, 부정적 정서와 기억, 상처의 경험이 제대로 청산되지 않았을 경우 그 영향을 더욱 많이 받을 수 있습니다.

동양학자 조용헌 교수에 의하면 우리 조상들은 '작은 부자는 돈을 아껴서 되는 것이지만, 큰 부자는 오히려 돈을 써서 되는 것이다'라며, 이러한 사람을 '식신생재食神生財' 팔자를 가진 사람이라고 여겼다고 합니다. 그리고 이러한 팔자를 타고난 사람에게는 반드시 생전에 적선을 많이 한 조상이 있으며, 조상이 쌓아놓은 복을 후손이 받는 것이라고 여겼습니다. 뿐만 아니라 어릴 때 부모를 잃어 비극적인 운명에 처했지만, 그 고통과 고비를 잘 이겨내는 사람에게도 조상의 공덕이 분명히 작용한다고 합니다.

우리에게는 어떤 형태로든 (비록 지금 살아 있지 않을지라도) 조부모와 부모를 비롯한 가족이 있으며, 어떻게든 이들과 얽혀서 살아가게 됩니다. 부모의 인생 경험은 어떤 식으로든지 자녀에게 영향을 끼칩니다. 따라서 우리의 인생은 백지에서 시작되는 것이 아니라 이미 채워져 있는 부분이 존재합니다. 가족치료사로서 내담자들에게 자주 하는 조언이 있습니다. 바로, 인생이 나만의 것이라고 착각하지 말자는 것입니다. 우리는 누군가의 자녀인 동시에 부모입니다. 이것이 가족의 연결성입니다.

사람을 둘러싼 환경 중에서 가장 중요한 요소는 바로 부모입니다. 부모의 성격이나 직업도 물론 중요하지만, 그들의 인생, 부모로서 보여준 인생의 가치와 삶의 방식, 세상을 바라보는 시각은 자녀의 인생에 결정적인 영향을 끼칩니다.

개인주의적 관점을 가진 사람은 부모의 정서적 유산이 자신의 삶에 결정적인 영향을 미친다는 사실에 전적으로 동의하기 어려울 수 있습니다. 서양에서 들어온 개인주의는 우리의 사고, 행동, 문화에 깊숙이 자리 잡았습니다. 그 영향으로 동양의 집단주의적, 공동체적 사고가 많이 사라지고 있으나, 가족 문화는 여전히 그 자리를 지키고 있습니다. 가족의 형태가 과거 대가족에서 핵가족, 그리고 최근 1인 가족까지 변화를 거쳤지만, 공동체적 사고와 행동 유형, 규칙, 감정 등 우리에게 미치는 영향은 무시할 수 없습니다.

만약 여러분이 아래의 두 사람 중 한 명을 친구나 동료, 또는 배우자로 선택해야만 한다면 누구를 선택할 것인가요?

🔵 A 밝고 긍정적인 성품을 갖고 있으며, 주어진 일에 묵묵히 최선을 다한다. 불편한 일이 있어도 바로 불평하거나 투덜대지 않고 자기 할 일을 하는 사람이다. 또한 필요할 때에는 자신의 주장을 펼쳐 화내지 않고 상대를 설득하는 힘을 가졌다.

🔵 B 세상을 늘 부정적으로 바라보고, 작은 스트레스에도 민감하게 반응한다. 실패와 좌절에 대해 극도의 공포를 가지며, 열등감을 핵심 감정으로 삼는다. 작은 문제에도 지나치게 반응하여 혼란스러운 행동과 감정을 보이고, 작은 실수에도 조급하게 반응하여 불편감을 유발한다.

A는 모두에게 호감을 주는 사람인 반면, B는 인간관계를 형성하는 것이 쉽지 않을 것입니다. 이러한 정반대의 성격은 단지 개인적 차원에서 만들어진 것이 아닙니다.

청소년들에게 B 유형을 묘사하자 이렇게 반응했습니다. "상처가 많은 사람 같아요." 어느 정도 맞는 관찰입니다. 아마 그를 둘러싼 환경이 이러한 성격을 만들었을 것입니다.

고통스러운 상황에 모두가 같은 방법으로 대처하는 것은 아닙니다. 위기 앞에서도 절망하지 않고 긍정적인 자세로 하나씩 해결하는 사람이 있는가 하면, 그러한 상황으로부터 도망치거나, 신세한탄에 빠져 주변 사람에게 원망만 쏟아놓는 사람도 있습니다. 도대체 무엇이 이런 차이를 만드는 걸까요?

이러한 대응의 차이는 MBTI 성격 유형에서만 나오는 것이 아니라 물려받은 정서적 유산의 차이도 원인이 될 수 있습니다. 같은 부모, 같은 가정환경, 같은 정서적 유산이라도 차이가 발생할 수 있습니다. 자녀마다 적절한 양육방식이 다른 것처럼, 같은 환경이라도 자녀가 상호작용하고 받아들이는 요소에서 차이가 발생합니다. 그 예로 형제자매라도 위기에 대응하는 방식이 전혀 다를 수 있습니다. 이는 특히 위기에 처한 순간에 작동합니다. 그러니 부모로서 자녀의 성격, 행동 등에 대해 깊은 책임감을 느낄 수밖에요.

우리는 가족의 일원으로, 어떻게든 이들과 얽혀서 살아갈 수밖에 없는 존재라는 사실을 인정해야 합니다. 가족에게 물려받은 정서적 유산이 마음에 들지 않는다고 해서 없앨 수는 없습니다. 가족이 너무 싫어 지구 반대편으로 날아가 살더라도 어떤 식으로든 영향을 받기 마련입니다.

제안
: 외면하면 고통은 계속된다

물려받은 가족의 특정 정서적 유산이 싫어서 인정하지 않고 거부하는 사람도 있습니다. 문제는 앞서 말했듯 거부한다고 해서 그것들이 사라지는 않는다는 데 있습니다. 오히려 더욱 은밀하고 심하게 작동할 수도 있습니다. 끔찍이 싫어하는 정서적 유산을 외면하고 제대로 청산하지 않으면, 이것이 끈질기게 살아남아 수세대를 고통스럽게 할 수 있습니다. 때문에 그 존재를 인정하고, 영향력을 최소화하려는 노력이 필요합니다. 변화는 내 안에 조부모와 부모의 인생이 존재한다는 인식과 수용에서 시작됩니다.

이렇게 해 보세요! 정서적 유산을 건강하게 마주하는 방법

◦ 아버지와 어머니는 지금 내 나이 때 어떤 인생을 살았을지, 꿈과 실패의 이야기를 정리해 보세요.

◦ 그에 비해 지금 나의 삶은 어떠한지 비교해 보세요. 공통점과 차이점을 나누어서 정리해 보며 반복되는 부분을 찾아보세요.

◦ 부모님의 삶이 현재 나의 삶에 어떤 영향을 미치고 있는지 파악하고, 이를 바탕으로 앞으로 어떻게 살아가면 좋을지 생각해 봅시다.

우리는 서로의 거울, 부모와 자녀의 유사성

　　자녀의 행동이 도저히 이해되지 않는다는 부모가 많습니다. "난 안 그랬는데 애들은 왜 이럴까?" 흔히 듣는 말이기도 하죠? 하지만 부모와 자녀의 관계에 대해 알게 되면, 아이의 행동은 갑자기 나타난 것이 아니며, 부모 또는 조부모에게 비슷한 모습이 있다는 것을 어렵지 않게 발견할 수 있습니다.

　　현대물리학의 카오스 이론에 따르면, 베이징 상공에서 발생한 나비의 날갯짓이 지구 반대편에 있는 캘리포니아 해변에 폭풍우를 일으킬 수도 있다고 합니다. 고작 나비 한 마리와 폭풍우를 연관 짓는 것이 의아한가요? 인과관계가 희미해 보일지도 모르지만, 분명히 어떤 질서가 있어 한쪽을 잡아당기면 다른 한쪽이 끌려오는 것이라고 합니다.

마찬가지로 부모와 조부모의 인생, 그들이 품었던 꿈과 좌절, 실패, 신념, 상처 등은 분명히 다음 세대에 영향을 미칩니다. 우리 자신의 문제만으로도 버거운데 부모가 품었던 소망과 열등감, 조부모의 정서적 짐까지 안고 살아야 한다니. 이 문제를 제대로 해결하지 못하면 우리의 인생은 더욱 힘들어질 것입니다.

특히 트라우마의 원인이 가정이라면 그것은 더더욱 강력한 정서적 유산으로 작동합니다. 그 예로 우울, 불안과 같은 정신 장애와 중독은 자신뿐만 아니라 부모, 조부모가 중요한 사람을 상실했을 때에도 발생할 수 있습니다.

부모가 되면 정서적 유산 문제가 본격적으로 드러납니다. 우리는 가족의 무게에 짓눌려 문제가 발생했을 때야 비로소 자신이 자기 것이 아닌 짐, 아직 자신의 삶에 오지 않은 것을 등에 지고 있었다는 사실을 깨닫습니다.

30대 후반 경민 씨는 7살 아들을 두었습니다. 그런데 이 아이가 언제나 대장이 되려 하고, 매사에 나서는 문제로 사회성 훈련 프로그램에 참여하게 되었고, 아빠인 경민 씨도 동참했습니다. 그런데 프로그램 과정에서 아들보다 아빠 경민 씨에게 더 심각한 문제가 있다는 사실이 드러났습니다.

경민 씨는 소위 모든 것을 가진 사람입니다. 안정적인 직장, 부유한 부모, 물려받은 재산, 두 아들과 화목한 가족. 하지만 아이러니하게도 그는 최근 심각한 우울감과 더불어 자살 충동까지 느끼고 있었습니다. 그의 깊은 우울감의 원인은 할아버지로 인한 것이었습니다.

경민 씨의 할아버지는 집안을 일으킨 개척자였습니다. 지방에서 무일푼으로 올라와 자수성가를 이뤘습니다. 그는 매사에 적극적이고, 성실하고, 겸손하게 성공을 지켜냈습니다. 그런 할아버지는 이 집안에서 위대한 사람이었습니다.

어린 시절 아버지보다 할아버지와 함께 있을 시간이 더 많았던 경민 씨는 자전거도 할아버지께 배웠습니다. 실질적으로 할아버지가 아버지 역할을 한 것이지요.

반면 경민 씨의 아버지는 할아버지의 성공에 안주하여 별다른 직업 없이 할아버지의 부동산을 관리해 주는, 집사 같은 역할이었습니다. 경민 씨는 아버지가 할아버지에 비해 무능력한 인간이라는 생각을 지울 수 없다고 했습니다. 경민 씨는 아버지보다 할아버지를 존경했고, 마음으로 깊게 연결되어 있었습니다.

그가 앓고 있는 우울증의 이유는 자신과 할아버지를 동일시한데 있습니다. 그는 할아버지처럼 강한 카리스마로 가족을 이끌고 싶다는 열망을 가졌으나, 그의 안정적인 삶은 아버지의 삶과 닮아 있습니다. 할아버지와 자신의 인생 사이에 만들어진 큰 간격이 그를 괴롭힌 것입니다. 경민 씨는 존경하는 할아버지처럼 살고 싶지만, 어떻게 해야 할지 몰라 길을 잃은 상태입니다.

경민 씨의 우울증은 정서적 유산과 깊은 관련이 있습니다. 경민 씨의 아버지는 너무나 유능한 아버지를 둔 탓에 그를 뛰어넘지 못했고, 그저 아버지가 이루어 놓은 성공을 관리하는 역할에만 머물렀습니다. 그런 아버지가 가졌을 깊은 열등감, 이것이 바로 경민 씨가 가진 우울의 원인입니다. 경민 씨는 아버지가 이루지 못한 삶의 방식(할아버지처럼 자신의 세상을 개척하고 적극적으로 살아가고 싶다는 열망)과 그것을 이룰 수 없는 현실 사이의 괴리로 괴로워하고 있는 것입니다.

그러나 상담 끝에 경민 씨는 할아버지가 그토록 최선을 다해 산이유는 자손들이 안정적이고 평온한 삶을 살길 바랐기 때문이었음을 알게 되었습니다. 그러니 지금 경민 씨의 삶이야말로 할아버지의 바람이 이루어진 것이지요. 이 사실을 깨달은 그는 비로소 평안하게 자신의 삶을 받아들일 수 있었습니다.

　7살 아들이 매사에 대장이 되려고 나서다 마찰을 빚은 것도 이해하게 되었습니다. 아들의 그러한 모습은 아빠인 경민 씨가 표출하지 못한 바로 그 열망이었습니다. 사회성이 부족한 것처럼 보였지만, 사실 "그 아빠에 그 아들"이었던 셈이죠.

　독일의 심리학자 루이 쉬첸회퍼Louis Schutzenhofer는 부모가 자신의 모습을 있는 그대로 받아들이지 않은 채로, 또는 그것을 받아들이는 데 반평생이 지나간다고 말했습니다. 그리고 그 과정에서는 문제 있는 부모자녀관계가 재현됩니다.

　양육에 있어 발생하는 어려움이 자신의 어린 시절의 경험 및 환경에서 이어진다는 사실을 알아차리는 사람은 적을 것입니다. 현재의 어려움과 물려받은 짐 사이에 별다른 연관이 없어 보이는 경우도 많습니다. 하지만 이것들이 나비 효과처럼 연결되어 있다는 사실을 깨닫는 순간 모두 청산할 수 있습니다.

제안

: 아이만의 문제가 아님을 인식하라

이해할 수 없는 행동의 원인을 아이 자체만 보고 찾으려 하기보다는 부모와 아이 사이의 유사성을 탐색해야 합니다. 아이도 나름의 인격체이기에 부모와 닮은 부분이 있을 뿐 똑같지는 않습니다.

기억해야 할 것은, 부모는 성인이기에 아이처럼 상처를 드러내지 않고, 숨기거나 간접적으로 표현한다는 점입니다.

예를 들어, 여기 산만한 행동을 보이는 아이를 둔 아빠가 있습니다. 아이 아빠는 아들의 산만한 행동이 걱정되고 이해되지 않았습니다. 그러나 그는 자신에게도 아들과 같이 산만하게 행동하던 시기가 있음을 알아차리게 되었습니다. 그는 어린 시절에는 아들과 비슷한 성격이었으나, 커서는 의사가 될 만큼 공부도 잘했고 결국 성공했습니다. 아이 아빠는 자신이 거둔 성공의 밑바닥에는 아들과 비슷한 모습이 있었다는 사실을 잊고 살았던 것입니다.

부모와 자녀 사이의 유사성을 탐색하면 아이의 문제를 '타자화'하지 않고, 즉 아이만의 문제가 아닌 '우리'의 문제로, 넓은 시각으로 볼 수 있게 됩니다. 여기서 아이를 바라보는 관점에 작은 변화가 생깁니다. 그러면 조급함과 불안이 완화되고, 조금은 관대한 시각으로 아이를 대할 수 있습니다.

아이의 문제행동은 아이만의 문제가 아닙니다. 나와 같은 문제를 아이도 가진 것입니다. 내가 그랬듯이, 힘들겠지만 우리 아이도 잘 헤쳐나갈 수 있습니다.

모빌과 같은 가족관계

어느 날 아내와 함께 식당에 방문했습니다. 맛집으로 유명한데 가게가 작아 보통 10분 이상 기다려야 입장할 수 있는 곳이었습니다. 무더운 여름이지만 밖에서 대기하다가 순서가 되어 자리를 잡았습니다.

곧이어 옆 테이블에 할머니와 손자가 자리를 잡았습니다. 그런데 기다리다가 지친 아이가 짜증을 내고 소리를 지르며 테이블 사이를 마구 돌아다니기 시작했습니다. 무더운 날, 아이의 거침 없는 행동은 손님들에게 커다란 스트레스로 다가왔습니다. 아이의 할머니는 어찌할 바를 몰라 허둥대고 있었습니다.

우리는 아이가 소란이나 말썽을 일으키면 당연히 아이의 문제라고 생각합니다. 따라서 문제 해결 역시 아이의 행동을 수정하는 것에 초점을 맞춥니다. 하지만 아이의 말썽이 일정하게 반복된다면 이것은 아이만의 문제로 보기 어렵습니다. 아이의 양육자, 그리고 이들을 둘러싼 환경의 상호작용을 살펴보아야 합니다. 예를 들어 할머니를 주 양육자로 두고 부모와 단절되어 지내면, 할머니가 아무리 헌신적으로 아이를 돌보더라도 아이는 늘 결핍을 느낍니다.

'모빌 이론'은 부모와 자녀의 관계를 설명하는 개념입니다. 아기 방에 달린 모빌의 한 부분을 톡 건드리면 전체가 움직이듯이, 부모와 자녀는 서로에게 아주 긴밀한 영향을 미칩니다. 특히 아이는 환경에 민감하게 반응합니다. 자녀는 부모의 행동과 감정을 모빌처럼 따라 합니다. 부모와 자녀 사이에 감정은 강한 전염성을 가집니다. 부모의 감정만 자녀에게 전염되는 것만이 아니라 자녀의 감정 역시 부모에게 전염되는 것입니다. 따라서 부모-자녀로 구성된 가족은 하나의 감정 덩어리처럼 작동합니다. 각자의 감정이 있지만, 공통으로 가진 감정도 있으며, 이것은 모빌처럼 가족 전체적 차원에서 작동합니다.

모빌이 흔들리며 수평을 유지하는 것처럼 가족 안에도 언제나 균형을 유지하려는 원심력이 있습니다. 부모와 자녀 사이에 불균형이 발생하면 그것을 수평으로 되돌려 유지하기 위해 다른 부분에서 그만큼의 불균형이 필요로 합니다. 이러한 관점에서 보면 어려움을 일으키는 말썽꾸러기도 아이 자체의 문제라기보다는 가족의 균형을 맞추는 행위일 수 있습니다.

어느 날 갑자기 등교를 거부하는 초등학생 딸을 둔 부부가 상담실에 찾아왔습니다. 아이는 최근 교사에게 꾸중을 들은 것 말고는 딱히 등교를 거부할 동기가 없는 것처럼 보였습니다.

등교를 거부하는 아이들의 공통점은 불안도가 매우 높다는 것입니다. 이 아이에게서도 높은 불안감을 확인할 수 있었습니다. 불안도가 높은 아이를 둔 가정은 대개 부모나 다른 가족 구성원의 불안 역시 높을 가능성이 큽니다. 이 사례에서도 부모 모두 불안이 높았고, 그중에서도 아빠의 불안도가 대단히 높았습니다. 불안하다는 이유로 아내를 운전조차 못하게 해 매일 택시로 출퇴근할 정도였습니다.

불안이 높은 부모는 통제적인 부모가 될 수 있습니다. 불안을 가장 자주, 많이 일으키는 대상이 자녀이기 때문에 이를 통제하는 것입니다. 이는 자녀를 위한 것이 아니라 자신의 불안감을 완화를 위한 것입니다.

자녀를 통제하면 그 과정에서 긴장과 갈등이 만들어져 아이가 대단한 스트레스를 받게 됩니다. 또한, 통제적 양육 속에서 자란 아이는 부모의 높은 불안감을 그대로 물려받습니다. 통제를 따르면서 부모의 과도한 불안을 자기 안에 받아들이기 때문입니다.

아이의 불안이 높아지면 부모와의 갈등은 상대적으로 줄어듭니다. 하지만 아이는 과도한 불안감으로 인해 쉽지 않은 하루하루를 겪습니다. 이 사례에서 아이는 학교에서 스트레스를 받을 때마다 과도한 긴장과 불안을 겪었습니다. 갑자기 등교를 거부한 것이 아니라 끝내 그 결과가 나타난 것입니다.

모빌과 같은 가족관계에서 아이가 문제행동을 하거나 마음에 병이 드는 것은 아이가 가족 전체와 연결되어 있기 때문입니다. 단지 어른에 비해 솔직하고, 단순해서 문제가 직접적으로 드러날 뿐입니다. 아이를 둘러싼 가족 환경을 보면 아이의 행동 배경을 알 수 있습니다. 따라서 문제 해결을 위해서는 가족이 어떻게 상호작용을 하는지 살펴야 합니다.

제안

: 가족을 객관적으로 바라보기

아이가 하는 문제행동의 원인을 가족 전체에서 찾는 일은 쉽지 않습니다. 특히 부모 스스로 찾아내는 것은 더더욱 힘듭니다. 아무리 똑똑하더라도 가족을 객관적으로 바라보기란 어렵거든요. 그래서 전문가와 같은 외부인의 시선이 필요한 것입니다. 전문가의 역할은 가족 문제를 해결하는 것이 아니라 객관적인 시선을 제공하는 것입니다. 만일 부모 스스로 모빌 원리에 따라 문제행동의 원인을 찾고자 한다면 다음과 같은 작업이 필요합니다.

먼저, 인형이나 동전 등을 가족 구성원 수만큼 가져와 가족에 대입해 봅시다. 그리고 여러분의 마음속에서 느껴지는 대로 가족의 자리를 배치해 보세요. 자리에 놓인 인형을 보면서 가족들이 이 자리에서 무엇을 원할지, 무슨 생각을 할지, 어떤 감정을 느낄지 이입해 보세요. 이것을 기록하는 것도 좋은 방법입니다.

그다음으로 우리 가족에게 어떤 변화가 필요한지 생각해 보세요. 특히 문제를 일으키는 아이의 입장에서 아이가 어떤 변화를 원할지 생각해 보고, 아이가 원할 가족의 모습으로 인형을 다시 배치해 보세요. 아이는 어떤 느낌, 어떤 변화를 원할까요? 그리고 그렇게 변화하기 위해 우리 가족에게는 어떤 대안이 필요할까요? 이러한 과정을 통해 아이의 시각으로 객관화하여 상황을 바라볼 수 있습니다.

5학년 수민이는 학교에서나 집에서나 이해할 수 없는 행동을 하는 것으로 유명했습니다. 수민이는 아침마다 그날 수행할 규칙을 만들고, 그 규칙을 끝까지 지키려고 했습니다. 예를 들어, 오늘은 손을 들고 있는 날이라고 정하면 종일 손을 든 채로 지냅니다. 등굣길에도 손을 들고 있고, 수업 시간에도 손을 내리지 않습니다. 계속 손을 들고 지내는 것은 매우 힘들지만, 수민이는 악착같이 해냅니다. 다음날은 왼발을 저는 날입니다. 그러면 종일 왼발을 절뚝이면서 보냅니다. 교사나 아이들도 "오늘은 왼발을 절뚝이는 날이구나"라고 말을 건넬 정도로 유명합니다. 이제 곧 중학교에 들어갈 나이가 되지만, 수민이의 행동은 좀처럼 나아지지 않았습니다.

이 사례에서는 수민이의 행동만 보고는 답을 찾기가 어려웠습니다. 수민이는 공격적이거나 분노를 가진 아이는 아니었지만, 타인과의 상호작용이 부족했습니다. 그리고 무엇보다 자기만의 세상을 만들어놓고 그 세계를 엄격하게 통제하려고 하는 문제가 있었습니다. 현실과 동떨어진 자기만의 세상에 빠져있는 것이죠.

수민이의 아빠는 일 때문에 일 년 중 절반 이상을 외국에서 보냅니다. 엄마는 직장 일을 하며 아이까지 혼자 양육하는 것이 힘든 나머지 수민이를 외할머니에게 보냈습니다. 수민이는 유치원까지 외할머니와 지내다가 초등학교에 입학하면서 부모와 살게 되었습니다.

수민이는 소위 '버려진 아이'였습니다. 심리학에서는 수민이처럼 여러 사정으로 인해 부모와 떨어져서 성장한 아이를 버려진 아이라고 부릅니다. 혹자는 너무 지나친 표현이 아니냐고 물을 수도 있습니다. 그러나 부모에게서 떨어져 자라게 된 아이 입장에서는 자신이 왜 부모로부터 분리되어야 하는지 알 수 없고 받아들이기도 어렵습니다. 또한 부모에 대한 그리움 속에서 이 모든 상황을 자기 탓으로 돌리기 쉽습니다. '내가 문제야'라고 생각하면 이 상황을 비교적 쉽게 수긍할 수 있거든요. 이렇게 되면 아이가 형성해야 할 자기 자아가 손상됩니다.

아동기 시절에는 과대자기를 형성해야 합니다. 환경적 어려움으로 과대자기를 형성하지 못한 아이들은 자신만의 세상을 구축하는 것으로 그것을 해결하려고 합니다. 여기서 자기만의 세상이란 환상일 수도 있고, 공부나 운동처럼 무언가 몰두할 수 있는 일일 수도 있고, 수민이처럼 자기만의 규칙일 수도 있습니다.

과대자기는 건강한 나르시시즘, 즉 자기도취와 연결되는데, 이것은 자존감, 자신 있는 인생살이를 위한 바탕입니다. 아이가 건강한 나르시시즘을 갖는다는 것은 애정, 인정, 개인의 애정 경험 욕구가 충족됐다는 뜻입니다. 따라서 건강한 나르시시즘은 근본적으로 외부에서 오는 사랑에 의존합니다.

아이에게는 자신을 위해 충분히 시간을 써주고, 자신의 욕구 세계 속으로 들어와 주고, 자신의 표현에 대해 만족스럽게 응답해 주는 자세와 능력을 갖춘 보호자가 필요합니다. 아이에게 과대자기를 만들어 주기 위해서는 좋은 양육방식만 필요한 것이 아닙니다. 정말 중요한 것은 아이와 부모 사이 관계의 질입니다. 이것은 무의식적으로 아이와 부모 사이에 교류되는 것으로, 부모의 생각, 확신, 행동의 동기가 중요합니다. 아이는 말로 이해하기보다는 몸으로 느끼면서 부모의 생각을 읽어냅니다.

아무리 외적으로 최고의 양육 환경이 주어졌다고 하더라도 아이는 행복하지 않을 수 있습니다. 아이가 정말 원하는 것은 눈 맞춤, 표정, 음조, 분위기 등을 통해 만들어지는 부모의 진정성 있는 태도입니다. 아이를 돌보는 부모가 심각한 부부 갈등에 놓여 있거나, 경제적 위기를 겪고 있거나, 또는 직업적으로 매우 바쁘거나, 부모가 되기를 원하지 않아 아이에게 집중할 수 없는 환경인 경우, 아무리 좋은 양육이 제공되더라도 아이는 행복감을 느낄 수 없으며, 그렇게 되면 과대자기를 형성할 기회를 잃습니다.

위에서 열거한 부모는 아이의 내면세계를 힘껏 수용할 의지와 능력을 갖추기 어렵습니다. 아이들은 부모의 말과 태도에 차이가 있으면 그것을 정확하게 읽어냅니다. 이런 증상을 보이는 아이를 둔 부모라고 해서 자기의 역할을 하지 않는 무책임한 부모인 것은 아닙니다. 아마 이런 부모들도 환경적 어려움 속에서 최선을 다했을 것입니다. 그럼 대체 무엇이 아이로 하여금 증상을 갖게 만든 것일까요?

바로 아이의 뛰어난 감지 능력입니다. 아이는 부모가 자기 때문에 힘들어하고, 자신을 귀찮아하고, 피곤해하는 것을 모두 눈치 채고 있습니다. 부모는 힘들고 피곤할 때에도 최선을 다했을 테지만,

무의식적으로 나오는 태도에도 아이는 큰 영향을 받습니다. 부모가 자신을 피곤해한다는 사실을 읽어내면 그 외에 부모가 최선을 다해서 제공하는 돌봄은 더 이상 중요하게 다가오지 않습니다. 이러한 경우, 부모는 쉽지 않은 양육 환경 속에서 최선을 다하지만, 아이는 계속해서 행복하지 않고 오히려 고통스러워합니다. 가족들은 일련의 과정을 지켜보며, 말 그대로 고통의 양육을 겪습니다.

양육에서 있어 지친 모습을 보여 주는 것은 아이에게 좋은 환경이 아닙니다. 하지만 여기서 저는 부모도 사람이라는 사실을 말해 주고 싶습니다. 사람이라면 아무리 좋아하는 일이라도 지칠 수 있습니다. 따라서 이들을 도와주고 지지해 줄 사람이 필요합니다. 지속적인 관심과 응원은 지친 부모에게 힘을 줍니다.

다음으로, 양육의 어려움 속에서도 가끔 내가 부모가 되었다는 사실을 깨닫고, 나를 부모로 만들어 준 아기에게 고마워하는 마음을 가져 보세요. 아기가 조금씩 움직이고, 말을 배우고, 성장하는 모습을 신기해하고 감탄하는 마음의 여유가 필요합니다.

제안

: 아이의 마음을 채워 주어라

자기애는 어떤 식으로든 보상되어야 합니다. 단순한 사과로는 해결되지 않습니다. 사랑받고 싶은 아이의 욕구를 채워 주어야만 합니다. 물론 어린 시절의 결핍감은 무엇으로도 완전히 보상할 수 없지만, 늦지 않게 아이의 자기애를 회복하려는 노력을 일으킬 수 있습니다. 이 단계에는 부모의 인내와 헌신이 필요합니다. 아이가 어느 정도 흡족해할 때까지 부모의 노력이 필요합니다.

수민이는 좀 늦은 감이 있지만, 우선 아이의 과대자기를 충족시키는 작업을 시도했습니다. 수민이는 부모님과 함께 다양한 놀이를 했는데, 그중에서도 수민이가 가장 좋아한 놀이는 '미라 만들기'였습니다.

미라 만들기

○ 아이를 부모의 사이에 세웁니다.

○ 부모가 아이의 몸을 휴지로 꽁꽁 둘러쌉니다. 미라나 번데기처럼요.

○ 이 과정에서 아이가 답답해한다면 억지로 진행하지 마십시오.

○ 이 놀이는 자궁에 있던 상태를 재연하는 것으로, 아이가 편안함을 느끼게
해 줍니다.

　　수민이는 이 놀이를 답답해하지 않고 대단히 만족했습니
다. 부모는 수민이와의 놀이 과정에서 아이의 기분에 맞춰 주
고, 아이가 원하는 대로 놀아 주었습니다.

　　미라 만들기 놀이를 통해서 수민이는 새롭게 태어나는 느
낌을 받았습니다. 마음속에 오래도록 자리잡고 있었던 부모
가 자신을 다시 시골로 보낼 수 있다는 불안감, 부모와의 친밀
감 부족에서 오는 어색함을 떠나보냈습니다. 이 작업을 마친
뒤 수민이는 "이젠 된 것 같아요. 마음이 조금은 풀어졌어요"
라고 이야기했습니다.

　　수민와 유사한 문제에 놓인 아이들에게 필요한 것이 있습

니다. 바로 아이가 만족할 때까지 인내하고 돌봐 주며 아이의 어리광, 즉 보상 욕구를 채워 주는 것입니다. 이런 상황에 놓인 부모들은 언제까지 참아야 하냐며 볼멘소리를 하기도 합니다. 하지만 경험상 아이들의 어리광은 그리 오래가지 않습니다. 인내심이 더 필요합니다.

엄마의 모녀관계, 오래된 상처

　　"아이를 볼 때마다 아무 실수도 하지 않으려고 애를 써요. 그런 내가 싫어요. 어떻게 해야 할지 모르겠어요."

　직장인 엄마인 희연 씨는 초등학교 3학년 아들을 볼 때마다 마음이 조마조마하고, 자신이 아이에게 실수하지는 않을까 걱정되어 견딜 수 없었습니다. 아이의 사회성이 부족해 또래 아이들과 잘 지내지 못하고 외톨이로 지내는 것까지 모두 자기 탓으로 여겨졌습니다. 희연 씨는 아이가 어릴 때 직장생활을 하느라 바빴는데, 그 때문에 아이에게 온전히 사랑을 주지 못한 것 같아 죄책감을 느낀다고 털어놓았습니다.

놀랍게도 많은 부모가 희연 씨처럼 아이와 어떻게 관계를 맺고, 어떻게 돌봐야 하는지 몰라 힘들어합니다. 왠지 모르겠지만, 아이와 서로 긴장감을 느끼며 편하지 않은 관계를 이어가는 부모들에게는 공통점이 있습니다. 바로, 그 부모가 어린 시절 가족관계가 어색하고 긴장된 가정에서 자랐을 가능성이 높다는 것입니다.

희연 씨가 어렸을 때, 희연 씨의 엄마는 양육, 가사뿐만 아니라 직장생활도 하고, 늘 불안한 아버지의 사업까지 챙겨야 했습니다. 당연히 늘 피곤한 상태였고, 아이들의 정서적 욕구를 민감하게 알아차리고 돌봐 주지 못했습니다.

희연 씨는 집에서는 늘 인상이 어둡고 지쳐 있었지만, 출근할 때마다 화사하고 밝아지는 엄마의 모습을 보면서 자신이 엄마에게 짐 같은 존재라고 느꼈습니다. 지금도 희연 씨와 엄마의 관계는 그다지 편하지 않습니다. 자식으로서 도리를 다하려 늘 최선을 다하지만, 표면적인 모녀 관계가 있을 뿐 정서적인 교류는 늘 부족합니다. 이렇게 건조한 가족관계가 현재 아들과의 관계에서 비슷하게 이어지고 있다는 사실에 희연 씨는 고통스러워했습니다.

부모와 자녀 사이에도 관계의 기술이 필요합니다. 부모와 자녀의 관계는 다른 어떤 관계보다도 경험이 중요합니다. 그리고 이러한 기술은 강의나 책이 아닌 직접 경험해 배우는 것이 가장 효과적입니다. 부모 자신이 어린 시절 직접 느낀 것이 자녀와의 관계에 가장 잘 드러납니다.

직접 경험한 것 중에서도 가장 중요한 것은 충분한 정서적 보살핌의 경험입니다. 어린 시절 여러 문제로 인해 심각하게 어려운 환경에서 자란 사람일지라도, 부모에게 정서적 보살핌을 받았다면 훌륭히 성장할 수 있습니다.

자기심리학의 선구자 하인즈 코헛Heinz Kohut은 부모의 정서적 보살핌에 대해 '엄마의 반짝이는 눈빛'이라는 말을 사용했습니다. 엄마가 아이를 사랑스럽게 바라보는 눈빛이 바로 아이가 필요로 하는 정서적 보살핌의 시작입니다. 코헛은 부모가 아이를 사랑스러운 눈빛으로 바라볼 자세가 되어 있지 않거나, 또는 그렇게 할 수 없을 때 부모와 아이의 결속 관계에 어려움이 발생한다고 말했습니다.

희연 씨는 어린 시절 부모의 반짝이는 눈빛을 경험하지 못했고, 또한 엄마가 된 지금 아이에게 그것을 주지 못하고 있습니다. 부모에게 정서적 돌봄을 받지 못한 아이가 자라 부모가 되고, 자신이 받지 못한 정서적 돌봄을 어떻게 하면 자녀에게 줄 수 있을지 몰라 힘들어하는 것은 이중 고통인 셈입니다. 이 모든 것이 본인의 의지와 선택이 아니었음에도 희연 씨는 이중 고통을 겪는 당사자가 되었습니다.

과연 부모와 자녀 사이의 관계를 건강하게 만들 수 있는 관계의 기술은 무엇일까요?

어린 시절 부모에게 충분한 정서적 돌봄을 받지 못한 이가 어른이 되어 자녀와의 관계에서 그것을 반복하지 않기란 쉽지 않습니다. 악순환에서 벗어나려면 먼저 어린 시절의 고통을 받아들이고 이해하려는 노력이 필요하기 때문입니다. 이러한 노력에는 다음과 같은 요소가 필요합니다.

먼저, 아이에 대한 자책과 미안함을 내려놓아야 합니다. 아이에게 계속해서 자책과 미안함을 품는 것은 오히려 적절한 양육 환경을 해칠 수 있습니다.

그다음으로 필요한 것은 주도권을 되찾아 오는 것입니다. 자책, 미안함, 불안은 양육의 주도권을 아이에게 넘겨 주는 원인이 됩니다. 이런 경우 부모가 을, 아이가 갑이 되어 아이의 눈치를 보고 전전긍긍하는 관계가 되어 버립니다. 완벽하지 않더라도 자신의 실수를 인정하고 배워가는 열린 부모라면 충분히 좋은 부모라는 점을 기억하세요.

다음으로 필요한 것은 아이의 정서적 욕구를 민감하게 알아채고 대응하려는 자세입니다. 아이의 정서적 욕구를 보살피는 부모는 무엇보다 아이를 긍정적으로 인정해 주려는 좋은 자세를 갖춘 부모입니다.

또한 부모가 아이에게 무언가를 전달할 때는 그 말에 진정성이 담겨 있어야 합니다. 말과 생각이 일치해야 하며, 인위적인 의도가 있어서는 안 됩니다. 아이에게는 부모의 말과 행동 속의 불일치를 정확하게 파악하는 능력이 있습니다. 만약 부모의 말에 진정성이 없다면, 아이는 부모의 말과 행동 사이에서 차이를 느끼고, 그러한 차이에 숨어 있는 암묵적인 견해를 읽어냅니다. 따라서 어린 자녀를 속이기는 대단히 어려운 일입니다.

제안
: 아이에게 호기심을 가져라

아이의 마음을 민감하게 알아채고 긍정적으로 인정해 주는 자세는 아이에 대해 호기심을 갖는 것에서 시작됩니다. 아이의 행동, 태도, 습관, 반응에 대해 열린 마음으로 받아들이겠다는 마음으로 호기심을 갖고 접근하는 것입니다. 기자가 무언가를 취재할 때 결론을 먼저 내리지 않고 열린 마음으로

조사하듯이, 아이에 대해서 어떠한 결론도 내리지 않고 아이
를 돌보는 것입니다.

돌려주려고 한다

　　아이들은 자라며 부모에게 대들고, 방어적으로 행동하고, 어떨 때는 고집을 피우기도 합니다. 게임이나 스마트폰 사용 등의 욕구가 차단당했을 때는 심한 공격성을 보이기도 합니다. 아이가 충동적인 자기 욕구를 지나치게 해소하려고 하고, 부모의 바람을 무시하는 행동을 반복한다면 부모의 양육 태도에 대한 반발일 가능성이 큽니다.

　몸이 자라면서 아이는 반항을 통해 부모의 잘못에 대한 청구서를 내밉니다. 아이를 지나치게 통제하고 억압한 것, 잘못된 소통방식, 애정 결핍 등을 부모에게 돌려주는, 일종의 복수입니다. 이러한 행동은 특히 사춘기에 폭발합니다. 복수의 감정이 높은 아이는 오랫동안 감정을 억누르며 참다가 어느 순간 무거운 것에 눌려 있던 스프링처럼 강하게 튀어 오릅니다.

부모에게 반항하고, 사사건건 다투는 아이는 사실 자신이 잘못하고 있다는 사실을 인지하고 있습니다. 다 알고 있으면서도 그런 행동을 하는 것입니다. 부정적 행동을 통한 반발의 기저에는 사랑받고 싶고 인정받고 싶은 욕구가 똬리를 틀고 있습니다. 따라서 아이의 부정적 행동은 부모에게 보내는 강력한 메시지입니다. 아이는 성인과는 달리 자신의 욕구와 느낌, 생각을 말로 표현하는 데 어려움을 겪습니다. 따라서 대화 대신 몸으로 표현하곤 하는데, 부정적인 감정은 특히 몸과 행동을 통해서 표현합니다.

그러므로 아이의 부모에 대한 부정적인 행동은 대극적입니다. 사랑받고 싶어 하는 동시에 파괴하고, 공격하고, 복수하고 싶다는 양가적 욕구를 갖습니다. 프로이트Sigmund Freud는 인간의 기본 욕구는 사랑과 죽음의 욕구라고 말했습니다. 그에 따르면 사랑, 생명, 창조와 같은 에너지를 의미하는 리비도(libido), 그리고 파괴, 죽음, 공격과 같은 타나토스(Thanatos)의 양가적 욕구를 갖는 것이 우리 인간의 운명입니다. 인간은 사랑과 죽음이라는 모순 속에서 혼란스럽게 살아가는 존재인 셈이죠. 건강한 삶은 이러한 모순적인 욕구를 건강하게 통합하여 균형 잡힌 삶을 살아가는 것을 의미합니다. 그러나 이렇게 균형 잡힌 삶을 살아가는 인간이 많지 않은 것이 현실입니다.

그렇다면 과연 아이들은 이토록 양극단적인 욕구를 어떻게 해결할까요? 당연하게도 아이 스스로는 해결하지 못합니다. 사랑받고 인정받는 것을 아이 스스로 할 수는 없으니 외부에서, 즉 부모가 도움을 제공해야 합니다. 아이가 부모에게 화가 나서 자신의 부정적인 감정을 어떻게 처리해야 할지 혼란스러워할 때, 부모의 일관적이고 효율적인 양육 기술이 필요합니다.

아이가 보이는 공격적이고 반항적인 행동 뒤에는 분명히 사랑받고 인정받고 싶은 욕구가 있다는 사실을 알아차려야 합니다. 그리고 인내심을 갖고, 아이의 입장에서 경청해 줘야 합니다.

우리 가족 이야기를 조금 해 볼까요? 제 아들은 중학교 시절 유독 아내와 자주 다퉜습니다. 아이는 엄마가 자신의 욕구를 제지하거나, 공부에 대해서 압박하면 강하게 반발하며 대들었습니다. 저는 아이가 아내에게 선을 넘으며 대드는 것이 불편했지만, 아빠까지 아이를 압박하면 안 될 것 같아 아이의 입장에서 이야기를 들어

주려고 애를 썼습니다.

어느 날은 퇴근하고 보니 이미 일이 벌어져 있었습니다. 아들이 엄마와 크게 싸웠는데, 다소 거칠게 대응한 나머지 아이 엄마도 상처받고 화가 난 상태였습니다. 저는 아들은 혼내기보다는 아이의 감정과 느낌, 생각을 들으려고 애를 썼습니다. 아이는 30분 가까이 자신의 생각과 감정이 어떤지 털어놓더니 이렇게 말했습니다.

"아빠 고마워. 내 이야기를 들어줘서."

아들에게서 고맙다는 말을 들은 순간 저는 당황했습니다. 아들은 자신의 잘못을 지적하고 혼을 내 줄 사람이 아닌, 자기 말을 묵묵히 들어줄 사람을 필요로 했던 것입니다.

사실 저도 그다지 좋은 아빠는 아닙니다. 오히려 실수도 많고, 평균에 못 미치는 아빠였습니다. 하지만 그날 아들의 반응을 떠올려 보면 아이를 혼내지 않길 정말 다행이라는 생각이 듭니다. 만일 아빠마저 자신을 압박하고 훈계했다면, 아들의 반발심과 분노는 상당히 커졌을 것입니다.

제안

: 다그치지 말고 그저 들어주기

아이의 반항이 그간 부당하다고 느꼈던 것을 표출하는 것이라는 설명이 어떻게 느껴지시나요? 부모는 아이가 반항으로 구는 순간이 가장 힘들게 느껴집니다. 그런데 이것이 아이의 혼란과 미숙함 때문이 아닌, 부모의 잘못에 대한 반발이라는 사실을 받아들이면, 아이의 문제행동에 대한 새로운 관점이 만들어집니다.

혼란스러워 보이는 아이의 행동에는 분명히 숨겨진 의미가 있습니다. 많은 부모가 아이의 반항을 아이만의 문제로 여기고, 더욱 훈육하거나 학습적인 방식을 고집하거나, 단지 물질적으로 보상하려고 합니다. 그러면 아이가 느꼈던 부모의 잘못이 더욱 강화되면서 아이는 한계에 내몰리게 됩니다. 부모가 자신의 잘못과 실수를 수용하지 못하며, 또한 아이가 통제의 대상이 아님을 받아들이지 못하기 때문입니다.

문제의 해결 여부는 부모에게 달려 있습니다. 아이의 반항적인 말과 행동에 격분하지 말고, 차분히, 이성적으로 아이가 하는 말에 기울이세요. 아이가 잔소리나 비판없이, 창피당하는 일 없이 편하게 자기 속내를 털어놓을 수 있어야 합니다.

만일 부모가 그렇게 할 수 없다면 조부모, 삼촌, 이모, 또는 교사, 상담사 등의 주변 어른들이 그러한 역할을 수행할 수도 있습니다.

◆ 부정적인 정서도 담아 주기

　　부모들은 아이가 짜증 내는 것을 보면 이러다 짜증이 버릇이 될까 불안해합니다. 그래서 짜증을 받아 주지 않거나, 몇 번은 받아 주다가 한꺼번에 터뜨리듯 화를 내기도 합니다. 하지만 정말 버릇없는 아이는 부모가 응석을 충분히 받아 주지 않아서 만들어지는 것입니다. 부모가 자신의 부정적인 정서를 받아 주지 못한다고 여긴 아이는 아예 입을 닫아버립니다. 또는 너무 바쁘거나, 아이에게 무관심하거나, 아이를 지나치게 통제하려는 부모를 둔 아이가 버릇없는 아이가 됩니다. 이 경우 아이들은 아무리 힘들어도 말하거나 드러내지 못합니다. 그러다가 도저히 참을 수 없는 지점에 도달하면 정서를 안전하게 표현하지 못해 억제, 위축 또는 과잉으로 표현하는 증상이 발현할 수 있습니다.

정신분석가 비온Wilfred R. Bion은 부모가 아이의 부정적인 정서를 안아주는 것에 '담아 주기'라는 이름을 붙였습니다. 부모의 담아 주기는 아이의 응석을 받아 주는 것과 연결됩니다.

담아 주기는 사춘기 자녀를 둔 가정의 성장을 촉진하는 가장 기본적인 요소 중의 하나입니다. 성장기 아이는 자신의 부정적인 정서를 스스로 해결하기 어려워합니다. 이것을 해결하기 위해서는 부모를 활용해야 합니다. 부모에게 짜증 내고 칭얼거리고 툴툴거리는 행동을 통해 자기 내면의 부정적인 정서를 소화시키는 것입니다. 이럴 때 부모는 아이의 소각로 역할을 하게 됩니다. 부모가 짜증을 받아 주고, 자신을 달래고 얼러 주는 과정을 통해 아이는 편안함을 경험합니다. 이때 부모는 마치 정서적 그릇과도 같습니다. 부모도 사람이니 마냥 아이를 달래 주는 것이 어려울 수도 있지만, 이 과정을 참고 견디면 아이의 정서는 눈에 띄게 편안해집니다. "그래, 우리 아기 힘들었어? 그래, 그래. 아이구 화가 났구나"라고 말해 주세요.

유치원이나 학교 생활에서 어려움을 겪는 아이가 문제를 해결하려면, 자신이 부모로부터 지지받고 있다는 느낌이 꼭 필요합니다. 부모에게 받는 지지와 응원은 아이가 가족 바깥의 더 넓은 세계에서 자신이 당하고 있는 어려움에 대해서 말할 수 있게 합니다. 아이가 부모에게 자신이 겪는 어려움을 털어놓을 수 있으면, 무슨 문제가 생기든 신속히 해결할 수 있습니다. 전 세계적으로 여자아이들이 성추행과 같은 트라우마적 사건에 노출되었을 때, 부모에게 바로 이 사실을 알리는 경우는 겨우 5퍼센트 미만이라고 합니다. 부모에게 말하면 혹여 혼날까, 혹은 부모의 마음을 힘들게 할까 두려워 말하지 못하는 것입니다.

학교나 친구 관계에서 일어난 힘든 일을 즉각적으로 부모에게 말하기란 사실 어려운 일입니다. 하지만 부모로부터 담아 주기를 경험한 아이는 정서적으로 안정적이며, 무엇보다 부모와 같은 유대감을 갖습니다. 따라서 이런 아이들은 어려움을 겪으면 부모에게 말해서 스스로를 보호할 수 있습니다.

이렇게 아이를 보호할 수 있으면 부모로서의 역량이 강화되고, 자신감도 회복되어 아이를 더 잘 양육할 수 있게 됩니다. 부모의 자신감 상승은 부모와 아이 사이에 놓인 불안을 해소해 줍니다. 이렇게 담아 주기를 통해 가족들의 긴장이 완화되고, 집은 편안한 공간이 됩니다.

아이는 부모를 통해 자기의 부정적인 정서를 소화하는 데 도움을 받고 나면, 점차 스스로 문제를 해결할 수 있도록 자기만의 정서적 그릇을 갖게 됩니다. 아이가 유치원이나 학교에 다녀 와서 유난히 짜증이나 신경질을 많이 낼 때가 있지요? 예를 들어, 자기 물건이 보이지 않는다고 크게 화를 내고 부모와 다툴 때가 종종 있습니다. 이것은 부모자녀관계의 문제가 아닐 수 있습니다. 아이는 자신의 질서로 정돈한 공간이 흐트러지거나 훼손된 것에 대해 강하게 반발하는 것이기도 하지만, 사실 다른 이유로 스트레스를 많이 받았을 확률이 큽니다. 또래 집단에서 아이들은 즐겁기도 하지만, 어느 날은 스트레스를 받기도 합니다. 집에서는 경험하지 못한 사회적 관계에 노출되었기 때문입니다. 방과 후 아이의 짜증과 신경질의 빈도가 잦다면 아이가 지금 힘들다는 뜻입니다. 그러니 아이의 정서를 담아 주는 역할이 필요하며, 동시에 아이의 부정적 정서가 증가하는 원인을 생각해 보아야 합니다.

유치원이나 학교에 다닐 나이인 아이에게 학습 이상으로 중요한 것은 사회적 관계 능력입니다. 아이 주변에 늘 친구들이 있고, 친구들과 문제없이 잘 지낸다는 것은 아이의 내면이 잘 성장하고 있다는 것을 의미합니다. 자존감, 즉 자기 자신을 좋아하는 능력이 잘 발달한 것입니다. 반면 아이가 또래 친구들과 잘 어울리지 못하고, 친구관계로 힘들어한다면 아이의 내면이 그만큼 힘들다는 것을 의미합니다.

저는 유년 시절 친구를 잘 사귀지 못하는 아이였습니다. 학교에 다녀오면 늘 엄마에게 신경질을 부리는 아이, 그게 바로 저였습니다. 당시 어머니는 제가 왜 그러는지 이유를 모르셨습니다. 저는 제가 학교에서 혼자라는 사실을 말할 수 없어 그저 신경질만 부리고 짜증을 냈습니다. 지금도 부모님이나 여동생은 당시의 기억에 기대어 저를 성질이 못된 인간으로 알고 있습니다. 요즘도 제게 사람이 되었다고 할 정도로요.

당시 어머니는 저를 어떻게 도와야 할지 전혀 모르셨지만, 다행히 저를 비난하지 않으셨습니다. 조용히 저의 부정적인 정서를 담아 주신 것이죠. 저는 덕분에 그 시절을 버틸 수 있었고, 점차 성장하면서 저만의 자리를 발견할 수 있었습니다.

담아 주기는 부모와 아이 사이에서만 사용되는 것이 아닙니다. 건강한 부부생활을 위해 부부 사이에서도 서로에게 담아 주기를 허용해야 합니다. 갑자기 불안이나 실망, 분노와 같은 부정적인 정서가 밀려올 때, 그 감정에서 빨리 벗어나려면 배우자가 자신을 믿고 지지한다는 느낌을 받아야 합니다. 부부 사이의 담아 주기 능력은 부부가 깊이 있는 대화를 시도하여 서로에 대한 이해가 높아지면 더욱 활성화됩니다. 심각한 갈등과 위기에 처한 부부는 서로에게 담아 주기 환경을 제공하지 못한 것입니다.

부부관계는 자녀관계와 달리 일방적이지 않습니다. 부모는 아이의 부정적인 감정을 담아 주지만, 아이는 부모에게 그러지 않지요. 그러나 부부는 서로를 담아 주어야 상대방도 담아 주기를 행할 수 있습니다. 만약 상대방이 부정적인 정서를 받아 주지 않는다고 해서 비난과 질책을 쏟아놓으면 관계가 매우 위험해집니다. 부정적인 정서를 담아달라고 무의식적인 신호를 보냈을 때, 여기에 응해서 담아 주기를 한다면 이전에 상대방으로부터 담아 주기를 받은 경험이 있는 셈입니다.

제안
: 담아 주기를 위한 지침

아이는 부모에게서 참 많은 것을 배웁니다. 자신의 정서를 처리하는 방법마저 도움을 받고 배웁니다. 정신분석가 비온이 말한 담아 주기는 엄마나 아빠로부터 자신이 지지받고 있다고 느끼게 하여, 아이로 하여금 건강한 자아와 자존감을 형성하게 합니다.

문제는 부모로부터 담아 주기를 받지 못한 아이의 인생입니다. 어쩌면 아이에게 담아 주기를 제공하지 못하는 부모는 어린 시절 담아 주기가 결핍되어 고통받는 아이였을 것입니다.

부정적 정서를 안아 주는 담아 주기는 아이의 인생 초기에 놀라운 선물을 줍니다. 부모는 목소리와 눈빛을 통해 아이를 안아주고, 몸을 어루만지거나 등을 두드리는 행동 등을 통해 아이의 짜증을 묵묵히 인내할 수 있고, 이는 아이의 내면세계에 안정감을 만들어 냅니다.

이렇게 해 보세요! 담아 주기 체크리스트

◦ 다음의 질문에 솔직하게 답해 보세요.

① 당신은 유년기 시절 부모에게 담아 주기를 경험했나요?

② 당신은 부모로서 아이의 부정적 정서에 어떻게 대응하고 있나요?

③ 상대방이 부정적 정서를 나타낼 때, 당신은 '이것은 나에 대한 비판 행동이 아니다. 부정적 정서를 해결하기 위해 나에게 SOS를 보내는 것이다'라고 받아들일 수 있나요?

이렇게 해 보세요! 담아 주기를 위한 지침

◦ 담아 주기에 있어 부모는 아이의 부정적 정서를 일시적으로 받아두는 역
  할입니다.

◦ 말로만 표현하는 것이 아니라 비언어적인 표현을 더하면 담아 주기가 더
  욱 강하게 작용합니다. 비언어적 표현에는 눈빛, 표정, 목소리, 신체 반응
  등이 있습니다. 이것이 아주 큰 영향을 미치니 담아 주기가 필요한 상황
  에 꼭 활용해 보세요.

◦ 상대방이 부정적 정서를 나타낼 때 논쟁을 피하거나 그의 행동 원인을 분
  석하지 말고, 정서에 공감하세요.

◦ 부모는 아이의 부정적 정서를 옮을 수 있습니다. 부정적 정서를 옮으면
  부모도 불편하고 불안해집니다. 이것을 자신의 정서로 연결 짓지 말고 가
  능한 한 빨리 분리하세요.

부모는 아이에게 권력자다

얼마 전 기차를 타고 가는데 옆자리에 한 여성이 반려견을 데리고 탔습니다. 그 여성은 기차를 타고 가는 내내 반려견을 어린아이 다루듯 했습니다. 그런데 사실 그 여성은 자신의 모성애의 욕구를 반려견에게 해소하고 있는 셈입니다.

모성애도 일종의 본능적 욕구에 속합니다. 여러 사정으로 인해 아기를 낳을 수 없거나 키울 수 없게 된 많은 현대인들에게 있어 반려동물은 모성애를 위한 대용물인 셈입니다. 어머니는 모성애를 통해서 일방적인 돌봄을 베풀게 됩니다. 부모는 주고, 아이는 받습니다. 이처럼 부모와 아이는 동등한 것이 아닌 일방적인 관계입니다.

　부모는 본인의 의지와는 상관없이 아이에게 엄청난 권력을 갖습니다. 아마 한 인간에 대해 갖는 가장 큰 권력일 것입니다. 아이는 무조건 부모에게 의지하게 되고, 부모가 아이에게 하는 행동은 아이의 현재에만 영향을 미치는 것이 아니라 성인이 된 후, 미래의 삶에까지 깊은 영향을 미칩니다. 정신분석에 따르면 현대인의 모든 심리적 고통에는 어린 시절 부모에게 충분히 사랑받지 못한 것, 즉 애정결핍에 원인이 있다고 할 정도로요.

　아이는 세상에 태어나면서부터 부모와 한 덩어리로 존재합니다. 부모의 생각과 감정은 아이의 것이 됩니다. 부모와 아이의 융합관계 속에서 부모는 아이와 자신을 구분하지 못할 수도 있습니다.

　코헛은 '아이는 부모의 자기대상이 된다'고 말했습니다. 자식이 자신의 일부라도 된 양 여기고, 자식의 모습이 자신이 원하는 대로 될 것이라고 믿고, 자식을 자신의 욕구에 따라 좌지우지할 수 있다고 인식한다는 뜻입니다. 자녀를 자기대상으로 여겨 마음대로 하려는 의식이 심해지면 나르시시즘적 장애의 중심적 욕구로 발전할 수 있습니다. 이런 욕구에서는 자기 내면에 결여된 것을 자녀에게서 해결하려고 하는 모습을 확인할 수 있습니다. 여기서 아이에 대한 권력의 남용도 가능해집니다.

부모가 자녀를 대상으로 권력욕을 발산하려고 한다는 말은 너무 과장된 것이 아니냐는 불만이 생길 수도 있습니다. 또한 부모의 헌신과 사랑의 행동을 지나치게 사회학적으로 보는 것은 아닌가 하는 생각도 들 수 있습니다.

부모가 가진 권력은 자기만의 방식대로 아이를 키우고자 하는 데에서 가장 잘 드러납니다. 아이를 훈육하며 부모는 자신이 아이에게 품은 기대가 분명 아이를 위한 것이라고 확신합니다. 그리고 이러한 확신은 아이에 대한 권력 남용으로 이어집니다. 아이에 대한 권력 남용은 부모의 많은 행동을 정당화하기 때문에 수정과 변화의 가능성이 차단된 채 계속됩니다.

자녀가 권력욕의 대상이 되면 부모는 자녀의 욕구에 무관심해집니다. 자녀는 오직 자신의 욕구를 실현하는 것만이 중요한 부모 밑에서 사랑받지 못했다는 결핍감을 갖게 됩니다. 또한 부모의 욕구를 우선으로 해소해야 했기에 자신의 욕구에는 무관심하거나 미숙하게 반응하는 사람으로 자랍니다.

아이가 부모의 기대를 전부 이루어 주려면 부모가 시키는 대로 살아야 합니다. 부모가 아이에게 요구하는 것 중 일부는 아이에게 필요한 것이지만, 대부분은 아이를 위한 것이 아니라 부모 자신을 위한 것입니다. 사실 부모의 희망과 기대를 아이에게 요구하는 것은 자연스러운 일입니다. 그러나 자신의 기대를 채우기 위해 아이를 압박하고, 몰아세운다면 이야기는 달라집니다.

한국 부모의 권력남용은 아이의 학습 과정에서 더욱 뚜렷하게 나타납니다. 경쟁 사회 속에서 내 아이가 더 우월한 위치에 오르도록 아이를 밀어붙입니다. 모두 아이를 위한 일이지만, 그 기저엔 부모의 개인적 욕심과 열등감이 있습니다. 자신의 기대를 이루기 위해 욕심내는 부모는 아이를 억압하고, 무시하고, 신경질적으로 반응하며, 아이의 자연스러운 감정표현 등의 반응을 허용하지 않습니다.

부모가 권력을 지나치게 남용하면 아이의 내면에는 깊은 분노가 자리합니다. 겉으로는 부모의 요구에 최선을 다해서 응하는 것처럼 보이지만, 내면에는 그만큼 분노가 쌓입니다. 아이는 부모의 요구를 잘 수행하다가도, 어느 순간 별것 아닌 일에 폭발할 수 있습니다. 분노가 폭발하는 순간에는 부모를 고분고분 따르던 모습은 온데간데없습니다. 폭발할 때는 그동안 억눌린 감정을 드러내는 것이기에 강한 공격적 태도를 보일 수도 있습니다. 분노는 집뿐만 아니라 유치원, 학교와 같은 곳에서 폭발할 수도 있습니다. 이러한 상황이 발생하는 것은 아이에게 좋지 못한 결과를 낳습니다.

자존감에 상처를 입힐 수 있으며, 또래 아이들과의 관계에 손상을
줄 수도 있기 때문입니다.

부모가 지나친 권력을 휘두를 때 분노를 전혀 표현하지 못하는
아이도 있습니다. 이렇게 자기 안에 쌓인 분노를 외부로 발산하지
못하고 쌓아두면 아이가 무기력해집니다. 겉으로는 묵묵히 최선
을 다하는 아이처럼 보이겠지만, 그 내면에는 심각한 무기력이 쌓
여 있습니다. 이러한 아이는 자신과 소통하는 능력을 발전시키지
못하고, 오직 부모가 원하는 것에만 맞추어 사는 수동적인 사람으
로 자랍니다. 무슨 일이든 별다른 흥미를 느끼지 못하는 심드렁한
사람이 되거나, 게임 중독을 비롯해 여러 중독에 의존할 가능성도
높습니다.

제안
: 아이의 입장에 서 보기

건강한 모성애는 부모 자신이 가진 권력을 마음껏 발산하
고 싶은 욕구를 절제하고 균형을 잡는 것입니다.
모성애의 자원은 감정이입 능력으로, 이것을 통해 아이와

대화할 수 있습니다. 아이에게 의지를 관철시키기 위해 밀어 붙이다가도 감정 이입하여 아이의 마음을 파악하면 수위를 조절할 수 있습니다. 이를 통해 아이가 부담을 느끼지 않는 적절한 양육 환경을 꾸려 아이가 잘 성장하도록 이끌 수 있습니다.

반면, 아이와의 관계에서 언제나 부모 중심의 입장과 생각, 자세만을 갖는다면 아이와의 소통은 더욱 어려워집니다. 감정이입을 위해서는 아이에게 일방적으로 말하고 요구하는 자세가 아닌, 경청하려는 자세가 필요합니다.

아이에게 감정 이입하라는 것은 쉽게 말해 아이와 입장을 바꿔 생각해 보라는 의미입니다. 내가 아이와 같은 나이였을 때 부모님에게 무엇을 원했는지, 그 당시 부모님이 내게 이런 것을 요구했다면 나는 어떻게 받아들였을지 생각해 보세요. 그다음 지금 아이는 무슨 생각을 하고 어떤 감정을 느낄지 생각해 보세요. 이것이 건강한 관계의 첫 단추입니다.

2장

문제적 행동을
보이는 아이들과
공존하는 법

공감능력의 부재는 어디에서 올까?

　　부모가 가장 감당하기 어려운 아이는 아마도 자기애적 성격장애 증상을 보이는 아이일 것입니다. 성인의 자기애적 성격장애는 위장되어 있기에 겉으로 잘 드러나지 않지만, 아동과 청소년인 경우라면 노골적인 민낯을 볼 수 있습니다.

　자기애적 성격장애를 가진 아이는 반사회적이고, 품행장애로 인해 다른 사람들과 공존하지 못하고, 부모마저 감당할 수 없는 아이가 됩니다. 이런 증상을 보이는 아이를 둔 부모는 하루하루가 조마조마할 것입니다. 어떤 경우에는 자기 자식을 두렵고 무섭다고 느끼기도 합니다.

어린아이가 또래 아이를 교묘하게 이용하고 착취하는 모습을 보면 소름이 끼칠 때가 있습니다. 친구 사이를 교묘하게 이간질하고, 은근히 따돌리며 그 친구가 고통받는 모습을 즐기는 모습을 본 적이 있는데, 그야말로 충격이었습니다.

고작 10살도 안 된 아이가 보여주는 자기애적 성격장애의 모습은 정말 놀랍습니다. 관계란 언제나 주고받기 마련이지요? 친구를 따돌린 아이는 얼마 후 미움의 대상이 되어 고통받는 처지가 됩니다. 아이의 자기애적 성격장애가 고쳐지지 않는 이상 이 과정은 긴 세월 속에서 계속해서 반복될 것입니다. 이 아이로 인해 고통받을 주변 사람들, 그리고 그 결과로 이 아이가 겪게 될 고통, 그런 것들을 생각하면 참 안타깝습니다.

어린 시절의 부모와의 관계에서 애정과 인정이 결핍되면 인생 내내 고통과 상처로 괴롭게 됩니다. 그 후유증의 하나가 자기애(narcissism)입니다. 충분히 사랑받지 못한 경험은 우리가 계속해서 긍정적인 의미를 경험하지 못하도록 만듭니다. 자기애에 빠진 사람은 다른 사람에 대한 지나친 우월감과 열등감이라는 양극단을 오고 가며 고통받습니다. 이 대극적인 요소들을 통합하지 못하고, 시소가 한쪽으로 기울 듯 심리도 극적 상태로만 옮겨집니다. 자기애를 가진 사람은 기본적으로 자신에게는 아무 문제도 없다고 믿기 때문에 변화와 반성, 그리고 성장 없는 삶을 삽니다.

아동 및 청소년에게 자기애의 문제가 생겼다면 그 이유는 안정적인 애정을 받을 수 없는 환경에 있습니다. 오래 지속된 부부관계의 위기, 고부 갈등, 만성적인 경제 위기, 부모를 상실했거나 장기간 떨어져 지내야 하는 사정이 있는 경우, 또는 부모 중 한 명이 자기애성 성격장애가 있는 경우 등을 원인으로 꼽을 수 있습니다.

보통 자기애적 성격장애는 치료할 수 없는 증상으로 여기도 하죠. 하지만 이는 반드시 조절되어야만 하는 증상입니다. 만약 이것이 잘 조절되지 않는다면 타인에게 해를 끼치거나, 자해와 같은 자기 파괴적인 문제를 일으킬 수 있습니다. 다행히 이를 어린 나이에 발견한다면, 피해를 조절할 수 있는 범위까지 증상을 완화할 수 있습니다.

아동에게서 자기애 문제가 발생한 가정이라면 이미 가족 안에 여러 가지 어려움이 있을지도 모릅니다. 앞에서 말한 여러 어려움이 오랫동안 지속되고 있다면 부모가 아이의 자기애적 문제를 알아차리지 못하고 지나칠 수 있습니다.

자기애적 성격장애를 가진 아이가 치료 없이 청소년기에 접어들면 치료 가능성이 현저히 낮아집니다. 성인이 된 후에는 거의 불가능하다고 여겨지기도 하고요.

자기애적 성격장애를 가진 아이는 또래 관계에서 문제행동을 합니다. 이러한 아이들은 다른 사람에 대한 공감능력이 부족하기 때문에 다른 사람의 입장과 처지에 대한 배려가 부족하고, 타인의 감정과 생각에 대해 무관심합니다. 이러한 태도로 인해 타인을 도구처럼 여기게 되고, 자기중심적 사고 속에서 착취와 괴롭힘 같이 선을 넘는 행동도 합니다. 성인이라면 사회화된 행동을 통해 이러한 장애를 숨길 수 있지만, 아동은 자신의 감정을 숨길 줄 모르는 상태이므로 문제가 직접적으로 드러납니다.

만약 아이가 부모나 또래 아이들에게 함부로 대하거나 경계를 침범하는 등의 행동을 한다면 상대방에 대한 공감능력이 없는 것일 수 있으니 주의하며 지속적으로 문제행동을 관찰해야 합니다.

하인츠 코헛은 공감이야말로 자기애 문제의 치료제라고 말했습니다. 자기애의 문제는 공감능력의 부족으로 나타나며, 깊이 있는 공감적 소통을 통해 회복할 수 있다는 뜻이지요. 안타깝게도 자기애 문제를 부모가 치료할 수는 없습니다. 치료에는 전문가의 도움이 필요합니다. 하지만 전문가가 아이를 체계적인 치료하는 동안 그와 더불어 부모가 아이에 대해 깊이 있는 공감적 자세를 취해야만 효과적으로 회복할 수 있습니다.

자기애 문제를 보이던 9살 영희는 원하는 것을 들어주지 않으면 폭발하듯 화를 내는 아이였습니다. 이런 영희의 문제는 역시나 가정에서 시작되었습니다.

영희의 아버지는 오랫동안 병원에서 앓다가 영희가 8살 때 세상을 떠났습니다. 그동안 영희의 엄마는 남편을 간호하느라 영희의 양육에 소홀할 수밖에 없었습니다. 먹여 주고, 입혀 주고, 유치원에 보내는 것이 전부였다고 합니다. 영희 엄마는 지친 나머지 딸에게 애정을 주는 것조차 어렵게 느꼈습니다.

영희는 이렇게 어려운 환경 속에 방치되었고, 외롭게 혼자 커야 했습니다. 9살이 된 영희에게서 자기애적 문제를 확인한 엄마는 영희를 치료하기 위해 애를 썼습니다. 저 역시 그 모습을 보면서 가슴이 아프더군요. 영희의 증상이 부모의 잘못이라고 말하기에는 영희 엄마가 짊어진 삶의 무게는 너무도 무거웠거든요.

영희에 대한 치료는 치료사와 엄마와의 협력을 통해 이루어졌습니다. 아이의 욕구가 치료실 안에서 해소될 수 있도록 치료사와 엄마가 애를 썼습니다.

치료적으로 의미 있던 것은 역할놀이였습니다. 늘 친구들 사이에서 문제를 겪었던 영희와 함께 친구 역할놀이를 진행했습니다. 영희는 친구들의 역할을 수행하면서 비로소 다른 사람들의 감정과 생각을 조금씩 이해하게 되었고, 이것은 다른 사람에 대한 공감

능력을 촉진시키는 기회가 되었습니다. 동시에 엄마와의 애착놀이를 통해 친밀감을 회복시키는 작업을 했는데, 이 또한 큰 도움이 되었습니다. 아이는 생애 초기에 엄마와의 신체 접촉을 통해 부모의 안전기지를 경험합니다. 애착놀이는 아이와 엄마가 서로 접촉하게 하여 안전함에 대한 경험을 심어 주는 것입니다.

이렇게 해 보세요! 역할놀이

아이가 다른 사람과의 관계에서 문제를 겪는다면 역할놀이를 통해 공감을 이끌어 내 봅시다.

○ 놀이 전 아이의 입장에서 말하는 문제 상황에 대하여 충분히 들어주세요. 섣불리 아이를 혼내거나 이야기에 끼어들지 말고, 아이가 마음껏 이야기하고 스스로 이야기를 끝낼 수 있도록 포용적인 자세로 경청해 주세요.

○ 역할 놀이를 하는 이유와 상황에 대하여 충분히 설명해 주고 역할을 나눕니다.

예: "네가 그렇게 행동한 데에도 이유가 있겠지만, 우리 같이 미진이의 마음도 이해해 보면 좋을 것 같아. 엄마가 영희 네 역할을 할게. 영희 네가 미진이라고 생각하고 엄마랑 대화해 보자."

○ 아이가 문제를 파악하고 역할에 이입할 수 있도록 역할놀이를 잘 이어가 봅시다.

이때 한 번에 너무 많은 것을 이해시키려고 하지 마세요. 또한 아이의 잘못을 비난하지 않도록 주의하세요.

○ 놀이가 끝난 후에는 객관적인 입장에서 문제 상황을 한 번 더 정리해 주고, 역할놀이에 열심히 참여한 아이를 칭찬해 주세요.

제안

: 가정에서 모든 것을 해결하려고 애쓰지 마라

애정결핍을 경험한 아이의 가정은 환경적으로 여러 문제를 겪고 있을 가능성이 큽니다. 아이가 가진 자기애적 문제는 여러 관계에서 끊임없이 부딪치고 갈등을 유발하기 때문에 아이 자신도 대단히 고통스러운 상황에 놓이게 됩니다. 자기애적 문제를 가진 아이에 대한 거의 유일한 치료적 접근이 공감이라는 말은 의미심장합니다. 부모에게 공감받을 기회가 부족했던 아이가 자라 공감능력이 부족한 아이가 되고, 그에 따라 고통을 받는 뜻이기도 하니까요.

애정과 인정에 언제나 결핍과 배고픔을 느끼는 아이에게 깊이 있게 공감하기란 어려운 일입니다. 아마 밑도 끝도 없을 아이의 욕구를 언제까지 해결해 줘야 하는 건지 지치고 혼란스러울 수 있습니다. 일상에서는 아이의 모든 욕구를 해소할 수 없으며, 또한 그렇게 하는 것이 적절하지도 않습니다.

그러니 치료실이라는 안전한 공간을 찾아 이곳을 중심으로 아이의 욕구를 충족시키는 의미 있는 성과를 이루어야 합니다. 자기애 문제를 가진 아이는 부모와 충분히 애착을 형성하지 못한 아이이므로 부모가 아이와 다양한 놀이와 상호작용을 통해 애착관계를 형성하는 것이 증상 완화에 도움을 줍니다. 그리고 이것은 전문적인 치료사에게서 배우고 도움받을 수 있습니다.

◆ 수치심을 심어 주는 | 부모

어느 여름이었습니다. 저는 해수욕을 즐기고 해수욕장 수돗가에서 간단히 손발을 씻으려고 차례를 기다리고 있었습니다. 앞에는 간단히 몸을 씻으려는 두 아이가 있었는데, 모두 초등 여자아이들이었습니다. 아이들은 주변에 사람이 많은 것을 보고 간단히 손발만 씻으려고 했는데, 아이들의 엄마는 그렇게 씻는 것이 성에 차지 않았는지 옷을 벗겨 씻겨 주려고 했습니다. 아이들이 비명을 질렀지만, 엄마는 아이들의 강한 거부에도 멈추지 않았습니다. 아이들이 비명을 지르는 탓에 주변의 시선이 모녀에게 쏠아

졌는데, 아이들이 느끼는 창피함이 고스란히 전달되어 상당히 당혹스러웠습니다.

엄마 입장에서는 얼른 아이들을 씻겨서 숙소나 집으로 돌아가고 싶었을 것입니다. 돌아가는 길에 모래를 여기저기 흘리고 찝찝해하는 것보다는 아예 깔끔하게 씻겨 데려가는 것이 낫다고 생각했겠지요. 하지만 아이들은 창피함을 느끼고 있었습니다. 그리고 이 경험은 아이들에게 대단히 끔찍한 기억으로 남았을 것입니다. 일부러 아이들을 야단치고 창피 준 것이 아니더라도 아이들은 이러한 경험에 직면하곤 합니다.

부모가 아이를 야단치고, 공개적으로 창피를 주는 방식으로 대하면 아이의 내면에 수치심을 심어 주는 것이나 다름 없습니다. 수치심은 우리 인간에게 가장 고통스러운 감정입니다. 수치심 뒤에 늘 그림자처럼 따라오는 감정이 하나 있는데, 그것은 바로 죄책감입니다. 수치심과 죄책감으로 고통받는 아이 중 대부분은 자신에 대해 분노를 가지고 있습니다. 이런 상황에 처한 아이는 자신을 존중하고 사랑할 수 없으며, 낮은 자존감으로 인하여 고통받게 됩니다.

또 완벽주의적 성향을 보이기도 합니다, 이 아이들은 뭐든 도움 받지 않고 스스로 하려고 하고, 잘할 수 없다고 판단한 일은 아예 시도조차 하지 않는 아이가 됩니다. 아이들은 앞으로 새로운 것들을 접하고 배워야 하는데, 이러한 자세는 대단히 걱정스러운 모습입니다.

완벽주의는 결코 나쁜 것만은 아닙니다. 이 치열한 경쟁 사회에서 살아남게 하는 자원이 될 수도 있습니다. 그러나 지나치면 완벽한 것이 아니면 시도조차 않는 강박증적 행동의 원인이 됩니다. 완벽주의 아래에는 실패의 불안이 있기 때문에 늘 긴장되고 강박적인 행동이 나타나는 것입니다. 그러다 보면 주변 사람들과의 균형 있는 상호작용이 어려워지고, 자기 안의 불안에 이끌려 함께 일할 때 소통이 어려운 인물로 여겨질 수 있다.

미국의 가족치료사 존 브래드쇼John Bradshaw는 아이에게 수치심을 심어 주는 부모가 가장 나쁜 부모라고 말했습니다. 수치심은 우리 내면 상처의 중심에 있는 것으로, '나는 뭔가 잘못된 사람이다'고 생각하게 합니다. 늘 내 자신이 무언가 잘못되었다는 느낌을 받는다는 것은 큰 고통입니다. 그러니 이를 해결하기 위한 방어기제로 완벽주의적 태도를 취하는 것이죠. 이는 더 이상 상처받지 않으려는 자기 보호적 행동입니다.

아이를 야단치고 공개적으로 창피를 주는 부모는 몹시 둔감한 사람이거나, 어린 시절 자신 또한 그러한 양육방식을 경험한 경우가 많습니다. 공개적으로 훈육 받는 일이 잦은 아이는 혼란에 빠집니다. 자신이 잘못된 사람이라고 느끼며, 앞서 말했듯 이것은 완벽주의적 태도로 이어질 수 있습니다.

한편 완벽주의적 성향의 부모는 아이를 통제하려고 할 가능성이 큽니다. 부모 내면의 불안 때문입니다. 자신의 불안을 통제하기 위해 아이에게 선택권을 주지 않고 부모가 한발 앞서 결정을 내리고, 그에 따라 아이는 점점 무기력과 박탈감을 느낍니다. 이렇게 자란 아이는 또한 무작정 떼를 쓰거나, 별 의미 없는 것에 지나치게 고집 부리고 화내는 아이가 될 수 있습니다.

아이는 부모가 자신을 돌보았던 방식으로 자신을 돌본다는 점을 기억하세요. 수치심을 느끼도록 양육된 아이는 부모가 더 이상 수치심을 유발하지 않더라도 자신을 수치스러워하고 자책합니다. 아이의 모든 감정, 필요, 충동은 수치심과 연결되어 자존감에 손상을 입을 수 있습니다.

제안

: 패턴을 찾아라

부모는 아이가 고집을 부리고 떼를 쓰면 당연히 야단 치는 것으로 훈육하려고 합니다. 하지만 그럴수록 아이는 더욱 불안해지고, 수치심을 내면화합니다. 그리고 이것은 아이의 문제행동을 더욱 증폭시킵니다. 악순환이 시작되는 것입니다. 부모와 아이 모두 고통스럽고, 서로를 이해하지 못 하며 갈등을 이어갑니다.

양육자인 부모는 아이의 행동만을 보아서는 안 됩니다. 한 걸음 뒤로 물러나서 자신과 아이를 객관적으로 볼 수 있어야 합니다. 본의 아니게 아이에게 수치심을 유발하는 소통방식을 이어온 것은 아닌지 생각해 보세요. 부모가 이렇게 객관적인 태도를 갖추기 위해서는 자녀와의 관계에서 반복되는 패턴을 인식해야 합니다. 부모와 아이 사이에서 반복적으로 행해지는 부분을 찾아보기를 바랍니다.

패턴을 인식했다면 그 다음 단계는 이것이 반복되게 만드는 에너지원을 줄여나가는 작업입니다. 예를 들어, 말을 안듣는 아이에게 격분해서 소리를 지르던 것의 횟수를 줄이고, 천천히 아이에게 부모의 생각을 전할 수 있도록 노력해 보는 것입니다. 의식하고 노력하는 것만으로도 악순환의 에너지를 줄이는 효과가 있습니다. 이 문제에 대한 솔루션은 부모자녀관계의 다양성만큼 다양합니다. '패턴을 인식하고 갈등의 에너지를 줄인다.' 이 방법은 모든 문제에 적용할 수 있는 방법입니다.

아 이 는 부 모 를 　　 비 추 는 거 울

　　　　잔뜩 화를 내던 아이가 엄마를 향해 "엄마 꺼져!"라고 말한다면, 엄마는 어떤 생각이 들까요? 같이 화를 표출하여 대응할지 아니면 양육적 차원에서 참고 이성적으로 대응할지 갈림길 앞에서 큰 혼란에 빠지게 됩니다.

　　아이가 버릇없이 말할 때 부모의 마음에는 커다란 갈등이 발생합니다. 아무리 내 몸에서 태어난 내 자식이라고 할지라도 부모를 향해 거친 말을 내뱉는 것을 직면하고 나면, 이것을 이성적으로 대응하기는 무척 어렵습니다. 당연히 화를 낼 가능성이 크지요. 하지만 그렇게 대응하면 이미 화가 나 있는 아이는 엄마와의 갈등을 본격적으로 드러냅니다.

여기, 아이와 매일 싸우는 모녀가 있습니다. 13살이 된 딸은 엄마와 매일 전쟁 같은 하루를 보냅니다. 이제 막 말을 배운 3~4살짜리가 부모에게 떼를 쓰거나 거친 말을 하는 것과, 13살이 그렇게 행동하는 것은 차원이 다른 문제입니다. 13살은 아직 초등학생이지만, 엄마와 키도 비슷하고 힘도 센 나이입니다. 몸싸움을 해도 만만치 않죠.

딸은 사사건건 엄마의 양육적 잔소리에 반항하고, 거친 말로 대응했습니다. 엄마는 사춘기에 접어든 딸의 변화에 당혹감과 분노를 느꼈습니다. 혼자서는 양육이 어렵겠다고 판단한 엄마는 남편에게 도움을 요청했습니다. 모녀 사이에 끌려와 개입한 남편은 마찬가지로 딸의 거친 언행에 어떻게 대응해야 할지 혼란에 빠졌습니다.

전쟁 같은 나날을 보내는 모녀 문제 앞에서 '가해자와 피해자', '문제아와 양육을 힘들어하는 엄마'와 같은 이분법적 시각은 도움되지 않습니다. '어떻게 자식이 엄마에게 그렇게 행동할 수가 있어?'라고 생각하며 반드시 고쳐야 한다는 생각으로 접근하면 오히려 파국적 관계로 치달을 수 있습니다.

아이가 처음부터 거칠게 행동하진 않았을 것입니다. 아이가 거친 말을 하기 시작했다는 것은 이미 참기 어려울 정도로 화가 났다는 뜻입니다. 어쩌면 이런 언행은 엄마가 그동안 아이에게 했던 말에 대한 반사적 행동일 수 있습니다. 엄마를 향해 "꺼져"라고 말한 아이는 그런 말을 어디서 듣고 배웠을까요?

이 사례에서는 엄마와 딸이 가진 개인적 특성이나 역할, 위치에 대한 접근이 아닌 전체적인 시각으로 보아야 합니다. 매일 싸우는 이 모녀의 문제는 소통과 관계 방식의 문제에 있습니다.

엄마는 틀, 규칙을 중요하게 여겨 딸이 자신이 정한 규칙에서 조금이라도 벗어나면 화를 내고, 지적하고, 잔소리를 했습니다. 대단히 통제적인 양육을 한 셈이죠. 딸은 사춘기가 되기 전까지는 엄마의 말을 잘 듣던 아이였습니다.

놀라운 것은 엄마도 자신이 성장한 방식을 그대로 따라 양육했다는 것입니다. 자녀들이 늘 강하게 크기를 바랐던 부모의 엄격한 양육방식을 아무런 의문없이 받아들인 것입니다. 지금 딸이 느끼는 혼란은 오래전 엄마가 느꼈던 감정이기도 합니다. 하지만 엄마는 딸에게 지적과 잔소리만을 하는 엄마가 되어 버렸습니다.

딸은 엄마가 자신의 응석을 받아 주거나 무조건적인 지지를 보내 엄마는 언제나 내 편이라는 느낌을 한 번도 받은 적이 없다고 말했습니다. 엄마가 자신을 사랑한다는 것을 전혀 알 수 없었던 것이지요. 사춘기가 시작되자마자 이러한 불만이 거친 방식으로 드러난 것입니다. 게다가 딸아이도 엄마만큼 소통과 관계에 미숙한 아이가 되어 부모에게 통제와 지적을 하고 있었습니다.

매일 딸아이와 부딪치고 거친 언행을 지켜봐야 하는 엄마의 고통은 딸이 문제아라서 생긴 문제라기보다는, 자신의 미숙하고 일방적인 소통의 방식을 딸이 그대로 따라 하며 발생한 문제인 셈입니다.

제안
: 아이를 바라보는 시선 바꾸기

부모들은 대부분 자신이 옳다고 여깁니다. 자신의 생각, 판단, 행동은 옳고, 아이의 그것은 잘못됐고 부족하다고 생각합니다. 그렇게 아이를 부모 자신의 잣대로 바라보게 되고, 아이의 행동을 자꾸 고쳐 주려고 하게 됩니다. 이때 부모와 아이 사이의 쌍방향 소통은 불가능합니다. 오직 부모의 의견만이 옳으니까요.

"아이의 잘못이 무엇이지?"라고 찬찬히 생각해 보는 것이 양육의 출발점입니다. 부모에게는 아이의 잘못된 행동만 보이겠지만, 이러한 관계를 지속하면 열린 소통이 힘들어지고, 아이가 점차 부모를 회피하며 기대와 요구를 거부하게 됩니다.

아이는 부모에게 받은 통제를 바탕으로 다른 대상이나 부모마저 통제하려고 합니다. 아이와 엄마가 서로를 통제하려고 하면 싸움으로 이어질 수도 있습니다. 엄마는 계속해서 아이의 잘못된 행동을 찾고 지적하게 됩니다. 어느 순간 부모와 아이 사이 훈육은 사라지고 기싸움만 남아 매일 사소한 것에서 크고 작은 다툼이 발생합니다.

해결을 위해서는 부모가 자신에 대한 객관적 관점을 가져야 하고, 아이를 바라보는 시각에 변화를 주어야 합니다. 받아들이기 쉽지 않겠지만, 아이의 부정적인 모습 중 상당 부분은 부모를 비추는 거울이라는 사실을 것을 알아야 합니다.

또한 아이의 부정적인 면모만을 찾아 고치려는 자세를 내려놓아야 합니다. 어느 순간에나 긍정적인 면을 보려고 노력하고, 그렇게 발견한 긍정적인 부분을 칭찬하고 지지할 때 아이와 부모의 기 싸움은 완화됩니다. 비로소 아이의 마음은 편해지고, 덜 예민한 아이가 될 수 있습니다.

음식을 거부해요

　　　　　아이가 갑자기 음식을 거부하고, 이틀 가까이 음식을 전혀 먹지 않으면 부모는 큰 걱정에 휩싸입니다. 부모는 아이의 비위를 맞춰 어떻게든 밥을 먹이려고 애를 씁니다. 이런 경험이 생기면 아이는 '음식을 거부할수록 부모가 나에게 잘해 준다'라고 생각하게 됩니다.

　　아이가 음식을 거부하는 증상, 즉 거식증은 식욕 감소나 단순 다이어트 때문이 아니라, 대단히 복잡한 심리적, 관계적인 문제를 갖고 있습니다. 음식은 인간의 기본적인 생존과 연결된 것이기에 거식증은 사망률이 가장 높은 정신질환에 속합니다.

　거식증이 가족갈등의 문제라는 것을 최초로 밝힌 이탈리아의 의사 파라촐리Mara Selvini Parazzoli는 거식증을 아이가 그동안 해 왔던 역할에 대한 저항으로 이해했습니다.

　아동 거식증이 발생하는 가정은 부부관계에 어려움을 겪고 있는 경우가 많습니다. 기본적으로 부부 사이에 소통이 어렵고 관계가 좋지 않으면 가정에 늘 알 수 없는 긴장과 불안감이 엄습해 있습니다. 이러한 분위기 속에서 아이가 성장을 위해 꼭 필요한 부모의 사랑과 애정을 충분히 공급받을 가능성은 적습니다.

　아이가 가족 안에 만성화된 긴장과 갈등 속에서 중재의 역할을 떠맡고, 부부 사이의 갈등을 중재하는 역할을 하게 될 수도 있습니다. 파라촐리에 따르면 거식증은 아이가 그동안 가족 안에서 해 오던 역할을 하지 않겠다는 일종의 파업입니다. 중재자의 역할이 버거운 것이죠.

　그렇다고 이 역할을 아예 하지 않을 수는 없습니다. 가족이 붕괴되어 불행해지는 것은 원하지 않으니까요. 여기서 아이는 자신이 선택할 수 있는 것이 아무것도 없다고 여깁니다. 하지만 식사만큼은 거부할 수 있죠. 아이는 음식 거부를 통해 그동안 해 오던 역할을 거부하는 셈입니다. 이와 같이 거식증은 가족관계 안에서 해오던 역할에 대한 저항인 경우도 있고, 또한 무언가를 얻으려는 의지를 드러내는 행위이기도 합니다.

때문에 아이의 거식증을 이해하기 위해서는 음식을 거부하는 아이만을 볼 것이 아니라 아이를 둘러싼 가족이라는 환경에 주목해야 합니다. 아이는 가족 안에서 받는 스트레스를 음식 거부라는 행위를 통해 '독하게' 해결하고 싶은 것입니다. 인간의 기본적 욕구를 억누르고 평소에 좋아하던 음식까지 거부하는 것은 자학적 행위입니다. 아이가 이러한 자학적 행위를 통해 얻으려 하는 것이 무엇인지 살펴보면 아이의 거식증 증상이 가진 복잡성을 줄일 수 있습니다.

거식증은 강력한 통제의 주제를 갖습니다. 기본적인 욕구인 식욕을 강하게 통제하는 행위는 결국 가족 안에서 무언가를 통제하려는 행동으로 이어집니다. 따라서 거식증은 대소변을 지나치게 참거나, 옷에 볼일을 보는 배변장애와 유사한 메커니즘을 가집니다.

8살 지혜는 최근 몇 달 동안 음식을 거부하여 급격히 체중이 줄었습니다. 성장을 위해 한참 먹어야 할 아이가 이유 없이 음식을 거부하자 부부는 커다란 근심을 갖게 되었습니다. 지혜가 음식을 거부할수록 엄마는 종일 딸을 걱정하고, 딸에게 무엇이라도 먹이길 위해 애걸하게 되었습니다. 엄마의 모든 관심 사항 중에서 최우선이 된 것입니다.

바로 이 부분이 지혜가 음식을 거부하여 얻은 이익입니다. 지혜에게 음식 거부는 엄마의 사랑을 받는 것과 같습니다. 지혜는 "먹는 게 죽기보다 싫어"라고 말했지만, 이 말을 번역하자면 "엄마에게 사랑을 못 받는다면, 차라리 죽는 게 나아"라는 뜻입니다.

거식증이나 배변장애를 갖는 아이들의 대부분은 애착의 어려움을 겪습니다. 부모의 사랑이 부족하다는 뜻이 아닙니다. 지혜 엄마가 지혜를 사랑하지 않은 것이 아닙니다. 단지 사랑을 주는 방식에 문제가 있는 것이지요.

이 사례에서는 비일관적인 양육방식, 즉 사랑을 주는 방식이 엄마의 기분에 달려 있는 것이 문제였습니다. 주 양육자인 엄마의 양육방식이 비일관적이면, 아이는 자기만의 심리적, 환경적 안전지대를 구축할 수 없습니다. 그 결과 아이는 불안해지며, 비일관적인 양육에서 오는 지나친 통제에 대해 반발하게 됩니다. 자신의 기본적인 생존 욕구를 억압하고 통제함을 통해 엄마를 통제하려고 합니다. 음식을 거부하는 행위를 통해 엄마가 절절매며 자기 비위를 맞춰 주는 엄마의 반응을 보면 비록 음식을 못 먹어 힘들고 고통스럽지만, 그에 대한 대가를 충분히 받는다고 느낍니다.

제안

: 일관성 있는 태도를 갖추어라

아이가 음식을 거부하는 것은 아주 센 방식으로 무엇인가를 해결하려는 것입니다. 가족 갈등 완화나 부모의 관심과 사랑을 얻고자 함일 수도 있습니다. 아이는 음식 거부를 통해 스스로를 죽을 수도 있는 위험에 노출하는 만큼, 강력한 해결을 요구합니다. 이렇게 힘들고 위험한 방법을 쓰는 이유는 아이에게 욕구는 있지만, 이것을 언어로 표현할 능력은 없기 때문입니다.

따라서 아이의 거식증을 해결하기 위해서는 아이를 둘러싼 가족관계를 살펴보고, 아이가 원하는 것을 파악해야 합니다.

그다음은 부모의 차례입니다. 지금까지 아이에게 비일관적인 태도로 행동하며 아이의 심리적 경계를 함부로 침범하지는 않았는지 점검해 보세요. 일관성 있는 양육은 아이의 심리적 안전지대를 만들어 주는 원동력입니다.

이러한 양육방식의 변화 속에서 필요한 것은 아이에게 적절한 거부의 경계를 알려주는 훈육입니다. 왜 이렇게 행동하면 안 되는지 적절하게 설명해 주고, 아이의 지나친 요구를 거부할 수 있는 의지가 필요합니다. 일관성 있는 태도, 꼭 이것을 기반으로 해야 합니다.

허용적인 부모의 그늘,

부모를 때리는 아이

     화가 나거나 무언가 마음에 안 들면 부모를 때리는 아이들이 있습니다. 당연히 성인 자녀가 부모를 때리는 정도의 폭력성은 아니지만, 폭력적인 행동임은 분명합니다. 아이가 부모를 때리는 행동은 일회성으로 끝나지 않고 반복될 수 있습니다. 이렇게 부모를 때리는 아이는 부모에게 강력한 훈육을 받은 적이 없는 아이로, 허용적이고 수용적인 부모에게서 말 그대로 애지중지 귀하게 자란 아이일 가능성이 큽니다.

현재 부모 세대가 어렸을 때 부모자녀 관계의 핵심 주제가 통제적인 부모 문제였다면, 요즘 세대는 허용적인 부모 문제가 대표적입니다. '통제적'과 '허용적', 정반대죠? 허용적인 부모는 우리 시대의 대표적인 부모 이미지를 나타냅니다. 부모라는 권위에 지나치게 치우치지 않고, 자녀와 친구처럼 소통하는 부모의 모습을 입니다.

허용적인 부모 대부분은 자신을 수용적인 부모라고 생각하면서 아이와 관계를 맺습니다. 하지만 어디까지 허용적이고 수용적이어야 하는지는 모르는 경우가 많습니다. 때문에 결과적으로 허용적인 부모가 아닌, 회피적이고 방임적인 부모가 되어 버리는 경우도 많습니다. 허용적이고 수용적인 부모, 친구 같은 부모가 되기 위해서는 허용하고 수용할 수 있는 범위와 경계를 알고 있으며, 제한을 설정할 수 있어야 합니다.

허용적인 부모가 무조건 문제인 것은 아닙니다. 다만 '지나치게' 허용적 부모는 문제입니다. 지나치게 허용적인 부모는 통제적인 부모보다 부모 역할을 해내는 데 훨씬 많은 어려움을 겪습니다. 통제적인 부모는 부모의 권위, 통제력을 일관성 있게 유지하면 되지만, 허용적인 부모는 수용의 경계부터 일일이 정해야 하는 어려움을 갖습니다.

아이는 부모에게 많은 것을 허용받기를 원하고, "안돼"라는 말을 듣는 것은 싫어합니다. 부모는 "안돼"라고 말하려면, 이것을 싫어하는 아이와 싸워야 합니다. 이러한 싸움은 부모 입장에서도 불편하고 힘듭니다. 또한 아이를 사랑하기에 아이가 불편해하는 모습을 보는 것이 고통스러울 것입니다.

하지만 선을 정확히 긋지 않으면 '허용적인 부모'에서 '지나치게 허용적인 부모'로 한걸음 더 다가가는 것입니다. 지나치게 허용적인 부모를 판가름할 수 있는 잣대는 '가정에서 부모의 권위가 인정되는가?'입니다. 허용적인 부모라도 부모의 권위는 유지해야 합니다. 친구 같은 부모는 아이와 언제든 소통할 수 있고, 편한 관계를 유지하는 것이지, 정말로 부모가 아이의 친구일 수는 없습니다. 부모와 아이 사이에는 분명한 경계가 존재하며, 그것이 존중될 때에만 양쪽 모두 안정감과 편안함을 유지할 수 있습니다.

부모의 권위가 무너지면 허용의 수준을 벗어나 통제 불능의 상황으로 치닫습니다. 아이는 아무것도 하지 않으려고 하며, 의존적인 아이가 되어 버립니다. 학습을 비롯해 배워야 할 많은 것에 있어 아무것도 하지 않으려는 아이는 강력한 의사표현을 위해 부모를 때리기까지 합니다.

8살 철수는 아빠를 자주 때리는 아이입니다. 나이 또래에 비해 몸집이 큰 철수가 아빠를 때리면 '퍽' 소리가 날 정도로 힘이 셉니다. 그런데도 철수 아빠는 아이가 때려도 허허 웃기만 했습니다. 지나치게 허용적인 모습이죠.

얼마 전, 철수의 부모는 저녁 식사로 족발을 시켰습니다. 그런데 왜인지 철수가 나서서 아무도 족발에 손을 못 대도록 떼를 쓰기 시작했습니다. 먼저 자기가 배불리 먹고, 그 후에 엄마에게 차례를 양보했고, 그 후에야 아빠도 남은 족발을 맛볼 수 있었습니다. 철수 아빠는 이 일에 관해 이렇게 말했습니다.

"우리 집에는 족발 피라미드가 있어요. 그 피라미드에서는 철수가 맨 윗층, 즉 왕이고, 저는 맨 아래층입니다."

가족 안에서 발생하는 수많은 문제 중에서도 위계질서의 혼란은 가장 폭발력이 큰 문제입니다. 이는 갈등 당사자들의 상호작용의 문제가 아닌 구조적인 문제이기에 더욱 혼란과 고통을 지속시킵니다.

게다가 철수는 학습 문제를 가진 아이의 특징을 보이고 있었습니다. 집에서도 전혀 통제되지 않았고, 학습 역시 시킬 수 없어 학교에서는 문제라는 시선을 받고 있었습니다.

철수의 부모는 처음에는 그저 아이에게 스트레스를 주지 않는 것이 목표였다고 말했습니다. 공부 때문에 스트레스 받는 일이 없도록 아이가 스스로 공부하고 싶어 할 때까지 기다려 주려고 했다고요. 부모가 기다려 주면 언젠가는 아이가 자신을 통제하고, 공부에도 관심을 가질 줄 알았지만, 아이는 아기처럼 아무것도 안 하려는 상태에서 나아지지 않았습니다.

철수 아빠는 이 상황을 어떻게 헤쳐나가야 할지 알지 못했고, 도움을 받기 위해 부모상담을 의뢰했습니다. 철수처럼 부모를 때리는 아이에 대한 기본적 솔루션은 부모의 권위를 잡아 주는 것에서부터 시작됩니다. 지나치게 허용적인 부모와 아이 사이에 경계가 약화된 것을 단단히 보강해 주는 과정이 필요합니다. 따라서 아빠를 때리는 철수에 대한 치료 과정이 시작되었습니다.

먼저 철수가 일상에서 보이는 부정적인 행동에 반응하지 않는 훈련이 필요했습니다. 떼쓰고, 징징대고, 별거 아닌 일로 화를 내고, 소리를 지르는 행동을 통해서 부모를 굴복시켰던 철수의 방식을 수정하는 작업입니다. 지나치게 허용적인 부모는 아이가 부정적인 반응을 보이면 쉽게 굴복하고, 아이의 눈치를 보며 비위를 맞춰 주기 일쑤입니다.

치료 과정에서 철수의 부모는 아이가 보이는 부정적 행동에 아무 반응을 보이지 않고, 무관심하게 행동하는 훈련을 받았습니다. 지금까지 부모의 쉬운 굴복과 저자세 때문에 철수의 문제행동이 더욱 강화되고 있었습니다. 이러한 악순환을 깨는 것은 아이의 부정적 행동에 반응하지 않도록 노력하는 것입니다. 지금까지 철수는 하기 싫은 일이 생기면 즉각 신경질을 부렸고, 그러면 아빠는 아이를 달래 주었는데, 아빠가 그러한 행동을 멈춘 것입니다. 그러자 철수는 대단히 당황해 한동안은 더욱 부정적인 행동을 했습니다. 다행히 아빠는 아들의 부정적 행동에도 끝까지 반응하지 않았습니다. 그러자 철수는 당황해 아빠에게 매달리기 시작했습니다.

이제 아빠는 철수가 긍정적인 행동을 했을 때에만 적극적으로 반응해 주기 시작했습니다. 처음으로 부자 사이에 극한 긴장이 벌어진 것입니다. 이러한 긴장이 만들어진 후, 철수에게 놀라운 변화가 찾아왔습니다. 처음으로 아빠에게 먼저 다가온 것입니다. 그동안 아빠의 말을 모두 무시하고 마치 아랫사람 부리듯 하던 철수가 아빠의 말을 무시하지 않고 따라하는 모습을 보여주자 부모 모두 철수의 변화를 놀라워했습니다. 부모가 놀란 것은 무엇보다 철수가 충분히 변할 수 있는 아이라는 사실이었습니다.

허용적인 부모의 역할을
바로 세우기 위한 대안

◦ 가장 중요한 것은 무너진 부모의 권위를 다시 세우는 것입니다. 이를 위
해서는 아래의 두 가지 방법을 따라 해 보세요..

---

①아이의 부정적 행동에 무관심 유지하기

②아이의 긍정적 행동에 적극적인 반응 보이기

◆ 지배욕이 강한 아이

제가 대학에서 첫 연구년에 들어갔을 때, 아들은 초등학교 5학년이었습니다. 그동안은 장모님이 아들을 돌봐 주셨는데, 연구년을 받은 그해에 장모님이 하늘로 떠나셨습니다. 아들은 자신을 돌봐 주었던 외할머니를 잃고 대단히 힘들어했습니다. 힘든 것은 아들만이 아니었습니다. 우리 부부 역시 깊은 상실감으로 힘든 시기를 보냈습니다. 공교롭게도 그 시기에 아내는 많은 일을 맡아 제가 1년 동안 아들의 주 양육자가 되어야 했습니다.

저의 주된 일은 아들이 학교에서 돌아올 때 집에 있는 것이었습니다. 저는 아이가 아무도 없는 빈집에 들어오는 일이 없도록 애를 썼습니다. 학교에서 돌아온 아들을 위해 간식을 만들어 주는 것 또한 제 임무였습니다. 간식을 다 먹으면 다시 학원으로 보내고, 아내가 퇴근한 뒤에는 역할을 바꾸었습니다. 서툰 솜씨로 간식을 만들어 보았지만, 아들은 금방 싫증을 내고 먹지 않았습니다. 아들이 먹을 것이 없다고 투정하자 저는 부랴부랴 햄버거를 비롯한 패스트푸드를 사다 먹였습니다.

아들은 점차 아빠가 만든 간식보다는 패스트푸드를 훨씬 선호하게 되어서 간식을 만들어 먹이려면 애를 먹었습니다. 저는 어느 순간 아들과의 실랑이에 지쳤고, 아들이 원하는 대로 패스트푸드를 사 주게 되었습니다. 그러자 아들의 몸무게는 점차 늘어났습니다. 장모님이 계셨다면 이런 상황까지 오지 않게 하셨을 텐데, 저는 스스로를 무능하다고 느끼곤 했습니다. 하지만 아들과 간식으로 실랑이를 하는 것은 피하고 싶었습니다. 그 결과 아들의 몸무게는 과체중 상태를 훌쩍 넘기고 말았습니다. 아들의 몸을 볼 때마다 무언가 죄책감이 드는 이유가 여기에 있습니다.

아들이 간식에 대한 아빠의 의견을 듣지 않고 강하게 거부를 표현하고 폭군처럼 행동할 때 아빠인 저의 대응은 대단히 혼란스러웠습니다. 아들이 "간식이 맛없다. 아빠가 집에서 하는 일이 뭐냐"고 힐난할 때 저는 아들을 설득하는 것을 힘들어했습니다. 몇 번은

소리도 지르고 훈계도 했지만, 오래가지 못했습니다. 그 결과 아들과 싸우기 싫어 안 좋은 결과를 불러일으킬 게 분명한 선택과 타협을 한 것이죠.

제 아들은 까다로운 기질의 아이로, 이런 기질의 아이들이 그렇듯 지배욕이 강한 모습을 보였습니다. 아이가 부모를 통제하려고 하고, 부모의 훈육에 강하게 거부하고, 제멋대로 굴 때, 부모는 이 상황을 통제해야 하는지 아니면 받아 주어야 하는지 혼란스러울 것입니다.

독일의 아동심리학자 이리나 프레코프Jirina Prekop는 전통적인 공동체 사회가 붕괴하고 개인주의 사회가 된 선진국 아이들에게서 제멋대로 행동하고 떼를 쓰며 부모를 통제하려는 성향이 높게 나타나고 있다고 말했습니다. 이러한 성향은 이전 세대에서는 드물었습니다. 부모의 말을 듣지 않고 제멋대로 행동하는 세대는 우리 세대에 출현한 것입니다. 아이 때부터 부모의 속을 썩이는 지배욕이 강한 세대의 등장이지요. 강한 지배욕을 보이는 아이들은 기본적으로 기질이 까다롭습니다. 이들은 자신이 세상에 적응하기보다는, 세상이 자신에게 맞춰 주기를 바랍니다.

오늘날 우리나라에서 아이에 대한 양육의 문제로 고민하는 부모들의 상당수도 이 문제로 어려워하고 있습니다. 프레코프가 말

한 까다로운 기질로, 지배욕이 강한 아이들이 보이는 행동은 다음
과 같습니다.

지배욕이 강한 아이들의 특징

1. 특정 대상에 대한 심한 집착을 보인다.

예: 공룡에만 관심을 보이는 아이, 영어 단어 또는 한자에만 관심을 보이는 아
   이 등

2. 부모에게서 분리되거나 독립하려 하지 않는다.

부모를 자신의 지배 아래에 두려고 합니다. 부모를 통제하면 할수록 더
욱 의존적인 아이가 됩니다.

3. 집에서의 행동과 밖에서의 행동이 극적으로 달라 마치 두 얼굴을 가
진 듯하다.

4. 특정 음식만을 고집하는 아이.

수많은 까다로운 조건을 달아서 그것을 충족할 때에만 음식을 먹습니다.
또는 수많은 이유로 식사를 거부합니다. 지배욕이 강한 아이들이 보이는
대표적 증상이 음식과 관련된 것입니다.

예: 닭고기에서 살코기는 먹지 않고 껍질만 먹는 아이, 볶음밥에 빨간 피망이
   없으면 절대 안 먹는 아이 등

5. 사회성이 부족하고 적응 능력이 떨어진다.

비판에 민감하며, 여간해서는 자기 잘못을 인정하지 않습니다. 타협하지

못하기 때문에 자신과 같은 부류의 사람들과 협력하지 못합니다. 자신에게 맞는 친구만을 선호하며, 이 아이들에게 가장 좋은 친구란 자기보다 어리거나 더 나이가 든 아이입니다.

6. 다른 사람의 말에 귀를 기울이지 않는다.

질문에 대답하기를 거부하기도 하고, 자기 자신에게 익숙한 답만 들으려고 합니다. 또는 자기의 욕구를 달성하기 위한 판에 박힌 질문이나 대답만을 합니다.

7. 전형적이고 틀에 박힌, 기능적이고 쉽게 할 수 있는 놀이를 좋아한다.

예를 들어 시동을 걸면 바로 달리는 자동차처럼, 단순 반응으로 즉각 작동하는 놀이감을 선호합니다.

8. 수집과 모으기의 성향을 보인다.

이러한 아이들은 늘 무언가를 모으고 보존하려고 합니다. 마치 작은 왕국을 건설하고 지배하려는 듯이 자기만의 작은 세상을 구축하는 듯 보입니다.

예: 공룡 피규어 수집에 지나치게 열중인 아이, 자동차 장난감을 지나치지 못하는 아이 등

9. 자신이 중심적인 위치가 되지 않으면 학습마저 거부한다.

주도적이고 일방적으로 자기에게 학습을 시키는 모든 요구를 거부하고 저항합니다. 또는 이들에게 방어적이며 무감각하게 반응합니다.

10. 형제자매 중 누군가가 자기보다 더 사랑받고 힘 있는 것을 허용하지 않고, 강한 권력투쟁의 성향을 보인다.

11. 이기적이고 자기중심적인 행동을 반복한다.

이러한 아이들은 자기의 욕구와 감정을 다른 사람보다 훨씬 중요하게 여깁니다. 예를 들어, 자기 마음에 들어야만 다른 사람의 말을 수용하고, 주어진 규칙에 순응합니다.

12. 실패하고 지는 것을 극단적으로 혐오해서, 자신이 없는 것은 즉시 포기하거나 아예 시도조차 하지 않는다. 만약 실패하면 심하게 칭얼거리거나 불평한다.

13. 자주 신경질적으로 반응하며, 불안하게 움직이고, 무엇이든 잘 기다리지 못한다.

살펴본 것처럼 까다로운 기질의 아이들은 지배욕이 강한 특성을 보이고, 부모는 아이와의 매일 전쟁일 수밖에 없습니다. 아이가 주변환경과 어울리지 못하고 난폭하게 행동하는 모습에 부모는 아이가 관계를 잘 모른다고 생각해 가르치려 합니다. 하지만 프레코프에 따르면 아이는 이 상황에 대해 잘 알고 있습니다. 상대방이 어떻게 느낄지, 무엇이 문제인지 확실하게 알고 있지만, 상대방이 느낄 감정과 생각보다는 자신의 느낌과 생각이 더 중요할 뿐입니다.

저는 까다로운 아이는 결코 열등한 아이가 아니라는 말을 하고 싶습니다. 조금 다른 성향을 가지고 있을 뿐입니다. 따라서 부모는 기존과는 다른 접근방식을 선택해야 합니다.

위에 열거한 지배욕이 강한 아이들의 증상을 보면 문제 아이들의 대부분이 여기 포함된다는 것이 흥미롭게 느껴집니다. 이 아이들은 부모와의 관계뿐만 아니라 주변의 거의 모든 사람들과의 관계에서 자기중심적이고, 독선적인 요구를 이어나가고, 끊임없이 욕구를 표출하여 주변환경과 긴장과 갈등을 유발했습니다. 아이가 부모를 자기 마음대로 하려 하고, 부모가 아이의 종처럼 되어버리면 불행한 관계의 악순환이 반복된다고 앞서 설명했습니다. 부모는 아이가 부모를 지배하고 통제하려고 하면 어느 정도는 순응하고 받아 주지만, 결국에는 감정적으로 폭발해 버리기 마련입니다. 그러면 아이는 자신의 통제에 따르지 않는 부모에 대해 불안해하며, 더욱 까다로워집니다.

따라서 아이를 둘러싼 가족 전체 시각에서 변화가 필요합니다. 형제 사이에서도 형은 까다로운 기질의 지배욕이 강한 아이이지만, 동생은 순한 기질의 아이일 수 있습니다. 이런 상황에서는 부모 입장에선 순한 기질의 동생이 더 편할 것이고, 상대적으로 까다로운 형에 대해서는 불편함을 갖게 됩니다. 이때 까다로운 기질의 첫째는 자신이 동생에 비해 덜 사랑받는다고 느낄 수 있습니다.

까다롭고 통제욕이 강했던 제 아들은 지금 대학생이 되었습니다. 대학생이 된 아들의 기질적인 통제욕은 이제 일상에서는 좀처럼 드러나지 않습니다. 하지만 자기의 성취와 학업 등의 분야에서 좀 더 열정적인 부분으로 나타납니다. 우리 부부는 아들의 성향을 알게 된 뒤 아들을 통제하려고 하기보다는, 아들이 자기가 좋아하는 것을 찾고 선택하도록 기회를 제공하고, 부모에 의해서가 아닌 본인이 필요해서 하도록 했고, 다행히도 좋은 결과를 얻을 수 있었습니다.

까다로운 기질로 지배욕이 강한 특성을 보이는 아이를 둔 부모는 다른 아이들보다 훨씬 키우기 어려운 자신의 아이에 대해 자책감을 느끼고, 자신들에게서 문제점을 찾으려고 합니다. 그런데 이런 아이들의 행동은 원인이 있거나 부모의 잘못된 양육에서 기인하는 것은 아닙니다. 좀 불편할 테지만, 그저 내 아이가 조금 까다로운 기질의 아이인 셈이라고 받아들여야 합니다. 이 말에 동의가 안 된다면, 당신은 여전히 잘못된 원인을 찾고 있을 가능성이 큽니다.

제안

: 아이가 나서서 하게 할 것

까다로운 기질로 지배욕이 강한 아이들 모두에게 적용할 수 있는 명확한 솔루션은 존재하지 않습니다. 하지만 해결을 위한 접근법은 존재합니다.

까다로운 아이는 대체로 부모가 통제하려고 하면 더욱 반발하여 부모와의 긴장과 갈등을 상승시킵니다. 까다로운 아이를 훈육이라는 이름으로 통제하려면 어려움을 겪으니 다른 접근방식이 필요합니다. 아이가 흥미를 갖고 좋아할 수 있는 것을 먼저 찾고, 이것을 더욱 촉진시키고 장려하여, 아이가 끌려가는 것이 아닌 주도하는 방식으로 이끄는 것입니다. 이러한 양육방식을 위해서는 부모의 인내가 필요합니다. 부모의 조급함과 성급함은 아이를 더욱 힘들게 한다는 사실을 알아야 합니다.

또한 까다로운 아이의 양육의 문제는 양육자와 아이만의 문제로는 풀 수 없습니다. 지배욕이 강한 아이에 대한 적절한 양육에는 가족 안에서의 역할, 서열, 다른 가족 구성원들과의 관계 등이 복잡하게 영향을 미칩니다. 개인적 관계만으로는 해결이 어렵고, 반드시 가족 전체의 변화를 일으켜야 합니다.

안전하고 | 보호받을 수 있는 공간

독일 유학 시절, 동료 유학생 부부가 아이를 출산해 육아의 어려움을 접한 적이 있습니다. 동료들은 낮과 밤이 바뀐 것은 물론, 아기를 재우는 것이 너무 힘들다며, 어느 날 밤에는 아기가 잠을 자지 않고 계속 울어서 옆집에서 항의할까 두려웠던 부부가 아이를 급히 차에 태우고 드라이브를 시작했답니다. 그런데 운전을 시작하자마자 아기가 잠들어 버리는 겁니다. 그 뒤로 부부는 밤에 자주 드라이브하게 되었습니다.

아기는 부모에게 원하는 것이 많습니다. 잠을 자고 싶다거나, 배가 고프다거나, 트림을 하고 싶다거나······. 정말 많은 것을 원합니다. 아기가 계속해서 우는 것은 욕구 지연에 따른 행동입니다. 아기는 말을 할 줄 모르므로 원하는 것이 만족되지 않으면 온갖 방법으로 불편함을 표현합니다. 그러므로 부모는 모든 것을 미리 예측하고, 즉시 해결해 주어야 합니다. 아기가 이유 없이 잠을 자지 못하고 소리를 지르면서 울면 부모와 가족들에게는 고통 그 자체일 것입니다. 아무리 가족이라지만 힘든 건 사실이죠.

아기는 안전하고 보호받는 느낌이 들지 않으면 자려 하지 않습니다. 물론 우리 성인들도 안전하다고 느껴지지 않으면 쉽게 잠들기 어렵습니다. 밤을 지새우게 하는 수면장애는 사실 잠이 오지 않는 게 아니라 잠들기 전 생각이 너무 많은 것입니다. 끝없이 떠오르는 생각이 근심, 걱정, 불안과 같은 감정과 연결되면 그날 밤은 잠들기 어려워집니다. 그러니 잠을 잘 자기 위해서는 잘 시간에 드는 생각이 불안과 연결되지 않도록 해야 합니다. 그러려면 불안을 일으키는 요인을 제거해야 하는데, 그렇게 하기는 현실적으로 쉬운 일이 아닐 것입니다.

아기가 가장 안전하고 보호받는다고 느끼는 환경은 자궁과 가장 유사한 환경일 것입니다. 엄마의 규칙적인 심장박동처럼 일정한 리듬이 있는 따뜻하고 안전한 공간에서 특히 잠들기 쉽습니다.

즉 아기에게 안전하고 보호받을 수 있는 공간이란 부모와 안정적인 애착을 형성하는 것을 의미합니다.

여기서 이러한 질문이 제기될 수 있죠. 안전하고 보호된 공간을 갖춰 '안정적인 애착을 형성하려는 부모'라는 조건이 충족되었는데, 아기가 여전히 잠들지 않고 부모를 힘들게 한다면, 그 이유는 무엇일까요?

먼저 그 답은 아기 자체에 있습니다. 다른 아이들에 비해 예민하고 까다로운 기질의 아기가 존재합니다. 이미 육아에 익숙한 부모마저 두손 두발 다 들게 만드는 아기들이 있지요. 이 경우는 양육 환경뿐만 아니라 타고난 기질적인 측면이 작동하는 것입니다.

두 번째는 부모에게 원인이 있는 경우입니다. 요즘 부모 중에서 능수능란하게 아기를 다루는 부모는 거의 존재하지 않습니다. 처음에는 모두 아마추어이고, 아기의 요구에 적절하게 대응하기까지 여러 시행착오를 겪습니다. 현 세대는 이전 부모 세대와는 달리 대가족 안에서 접하는 양육의 과정을 거의 경험한 적이 없습니다. 그러니 아기를 깨지기 쉬운 유리잔처럼 조심스럽게 다루게 되었습니다.

경험 없는 부모라고 해서 아기를 대할 때 자신감 없어 하고, 긴장하고, 불안해하면 그 모든 감정적 상태가 아기에게 직접적으로 전달됩니다. 그리고 아기의 뛰어난 생존 기제는 바로 모든 감각을 총동원하여 부모의 감정을 정확하게 파악합니다. 아기는 파악된 부모의 감정을 자신의 감정으로 받아들입니다. 부모가 자신을 다룰 때 느끼는 실수하지 않기 위해 긴장하는 것마저도 정확하게 감지합니다. 다만 "아, 엄마는 나를 목욕시킬 때 실수하지 않으려고 긴장하는구나"가 아닌 "나 지금 엄청 긴장했어!"라고 단편적으로 받아들입니다. 아이가 잠을 자지 못하고 짜증을 내면 부모는 혼란에 빠지죠? 그러한 혼란은 부모를 더욱 긴장하고 불안하게 만들고, 아기는 그러한 부모의 감정 상태를 받아들여 더욱 예민해진 결과 쉽게 잠을 자지 못하는 아이가 됩니다.

아시겠죠? 아기에게 필요한 '안전하고 보호받는 공간'에는 능숙하게 아기를 다루는 경험으로부터 얻은 자신감도 포함됩니다.

제안
: 좋은 부모 ≠ 실수하지 않는 부모

쉽게 잠들지 않는 아기처럼, 예민하고 까다로운 아기에 대한 양육의 어려움은 언제나 잘하고 싶고, 아이를 열정적으로 돌보려는 부모에게서 자주 발생합니다. 부모들은 아기가 쉽게 잠들지 않는 것조차 자신들의 잘못으로 받아들여 자책감에 빠지곤 합니다. 자책은 숙고와 반성이라는 다음 단계를 가져온다는 점에서는 긍정적이지만, 아기의 예민한 행동을 무조건적으로 부모만의 탓으로 돌릴 수는 없습니다.

부모는 작은 실수에도 예민하게 반응하고 쉽게 자책감에 빠집니다. 그런데 이것 역시 아기에게 전달된다는 사실을 기억해야 합니다. 이 행동은 아기가 안전하고 보호된 느낌을 받지 못하게 하므로 가족이 악순환에 놓이게 됩니다.

저는 영국의 아동심리학자 도널드 위니코트의 "좋은 엄마는 완벽한 엄마가 아닌 실수를 받아들이고 수정할 수 있는 엄마"라는 말을 좋아합니다. 가족치료사지만 성인 부부를 주로 연구하던 저는 처음에는 이 말의 의미를 온전히 이해하지 못했습니다. 한참 후 아이를 키우면서 비로소 이해하게 되었죠. 좋은 엄마, 좋은 부모는 조금의 실수도 용인하지 않는 완벽한 부모가 아닙니다. 언제든 실수하지만, 그 실수를 자책으로 끌고 가지 않고 언제든 수정하는 부모입니다.

미운 3살 ◆ 떼쓰기 대응

아들이 3살이 되었을 무렵, 아들과 나란히 식탁에 앉아서 식사하던 중이었습니다. 저는 휴대폰을 식탁 위에 두고 식사했는데, 아들이 제 휴대폰을 빤히 쳐다보다가 연이어 제 얼굴을 한번 바라보더군요. 순간 무슨 일이 일어나겠다고 직감했죠. 그 순간 아들이 제 휴대폰을 들어서 우유가 담긴 컵 안에 푹 집어넣었습니다. 워낙 순식간에 일어난 일이라서 막을 수 없었습니다……. 스마트폰보다 작았던 당시의 휴대폰은 영문도 모르고 우유에 잠겼습니다.

부모와 아이 사이의 좋은 관계는 3살쯤에 끝나고, 흔히 말하는

'미운 3살' 시기가 찾아옵니다. 3살이 된 아이는 부모의 지시를 잘 따르지 않고, 공격적이고, 이전보다 매우 활동적입니다. 당연히 부모는 당황하며 어떻게 아이를 돌보면 좋을지 고민에 빠집니다. '우리 아이에게 무슨 문제가 있나?', 'ADHD면 어떡하지?', '내 양육방식이 잘못됐나?' 등 다양한 의문이 생깁니다. 하지만 걱정 마세요. 3~4살쯤 아이가 보이는 부정적인 행동은 정상 범주에 있는 행동입니다. 무언가 잘못되거나 이상한 것은 아닙니다.

이 시기에 아이는 독립과 자율성을 추구합니다. 아이가 추구하는 독립과 자율성은 발달 과제로, 아이의 인생에서 꼭 필요한 요소입니다. 이것을 수행하는 과정에서 부모에게 더 이상 순응적이지 않게 되고, 자신이 원하는 것을 얻지 못하면 떼를 쓰는 일이 일어나는 것입니다. 예를 들어, 졸린데 잠을 못 자겠을 때, 씻기 싫을 때, 어린이집에 가기 싫을 때, 자기가 하고 싶은 일을 부모가 제지했을 때 짜증을 내고 소리를 지르고, 심지어는 물건을 집어 던지기도 합니다. 원하는 바를 들어주지 않으면 들어 줄 때까지 계속해서 웁니다. 아이의 떼쓰기가 이 정도까지 진행되면 부모의 인내심은 바닥을 보입니다.

앞서 말했듯 이런 행동은 정상적 발달의 과정입니다. 아이의 이러한 행동은 약 3세에 절정에 이르고, 초등학교에 들어갈 무렵에는 감소합니다. 하지만 초등학교에 입학할 무렵인데도 이러한 행동이 지속된다면 치료가 필요한 문제행동을 하는 아이로 구분될 수 있습니다. 이것은 3살 아이의 문제행동과는 구분되어야 합니다.

부모-아동 상호작용치료(PCIT)에서는 아이가 부모의 지시를 따르는 것이 정상 범주에 들어가는 행동인지 아닌지를 다음과 같이 분류합니다.

초등학교 입학하기 전인 아이가 부모의 지시에 50~75퍼센트 정도 순응하면 정상적인 행동으로 여길 수 있습니다. 3살이 된 아이는 전보다 언어 능력이 발달하면서 부모의 지시에 대한 반항이 더 이상 단순하고 직접적인 방식으로 나타나지 않습니다. 아이는 머리를 써서 부모의 지시를 거부하거나, 그것을 미루기 위해 복잡한 행동을 하거나, 부모와 거래를 시도합니다.

사실, 3살 아이의 머리 쓰기 전략은 쉽게 부모에게 발견되기 마련이지만, 짜증 내고 떼쓰는 행동은 어떻게 할 수 없습니다. 부모가 할 수 있는 것은 효과적인 훈육을 위한 일관성 있는 대응뿐입니다. 부모가 아이의 반항에 대해 일관된 규칙이나 태도를 세우지 않거나, 단호한 태도를 갖추지 않으면 아이의 떼쓰기는 더욱 심해질 것입니다.

최근의 부모들은 아이를 때리거나 윽박지르지 않으려고는 노력합니다. 좋은 변화죠. 하지만 그다음으로 사용할 대안을 찾지는 못했습니다. 아이가 긍정적인 행동을 했을 때 분명하게 칭찬해 주거나 작은 보상을 주어 긍정적 행동을 강화하는 방법이 필요합니다. 이러한 행동 수정의 훈육에서 역시 일관적 태도를 필요로 합니다. 부모가 일관성 없는 훈육을 하는 것, 변덕스럽게 구는 것은 비난을 일은 아닙니다. 아마 여러분도 아이의 지속적인 짜증에 늘 새로운 방법으로 대처하려 했겠지만, 결국 항복해 버리면서 결과적으로 일관성이 없는 부모가 된 것이겠지요.

미운 3살 시기에는 부부 모두가 아이의 행동에 유사한 대응 패턴을 보이는 것이 필요합니다. 일관성이 있어야 한다는 말입니다. 엄마와 아빠가 같은 행동에 각각 다르게 훈육하면 아이는 혼란스러움을 느끼며, 동시에 지시를 거부하거나 회피할 기회를 엿볼 수 있습니다. 예를 들어, 아빠가 엄하게 대하면 비교적 관대한 엄마에게 달려가 아빠의 지시를 뒤집을 기회를 얻는 것입니다.

제안
: 부부의 뜻을 하나로 모아라

아이가 점점 부모의 지시와 요구에 반항하고 떼쓰기를 고집하면서 버틴다면, 부부는 함께 아이의 양육방식을 논의해야 합니다. 실제로는 부부가 머리를 맞대고 이러한 일을 논의하는 경우는 많지 않습니다. 하지만 아이에 대한 부모 또는 양육자 역할을 하는 보호자의 대응 자세와 태도, 역할 분담을 서로 합의해 놓는 과정이 꼭 필요합니다. 한쪽 부모가 일관된 훈육을 유지하더라도, 다른 한쪽이 통일되지 않은 방식을 사용하면 엇박자 훈육이 발생해 아이의 부정적인 행동을 더욱 강화할 뿐입니다. 두 부모의 의견이 일치되지 않아 합의가 어려운 경우도 많습니다. 사실, 두 부모가 훈육에 대하여 모든 생각이 같을 필요는 없습니다. 하지만 아이의 반항에 대한 대응은 통일해야 합니다.

이렇게 일관성을 확보한 뒤에는 아이의 긍정적 행동을 강화시킵니다. 정상 범주에 속한 아이는 부모의 지시에 절반 이상 순응합니다. 아이가 부모의 요구를 거부하지는 않는다는 것이죠. 이처럼 아이가 부모의 요구에 순응하면 당연하게 받아들이지 말고 긍정적 강화로 이끌기 위해 칭찬, 인정, 보상 등을 주어야 합니다. 이를 통해 긍정적 행동이 조금씩 많아지도록 이끌 수 있습니다.

◆ 문제행동 해결법

문제행동을 하는 아이를 둔 부모는 자신이 아이를 잘 다루지 못하는 부모라는 사실에 기가 죽어 있습니다. 아이의 문제행동은 집에서만 발생하는 것이 아니기 때문에 그때마다 조부모를 비롯한 주변 사람들의 따가운 눈총을 받거든요. 게다가 아이가 유치원이나 학교에서 친구들과 어울리지 못하거나 싸우는 일이라도 발생하면, 부모는 전화를 받고 달려가야 합니다. 그리고 선생님에게서 당황스러운 내용을 전해 듣고 무기력과 절망, 그리고 분노를 느끼게 됩니다. 아이가 아니었다면 남들에게 이런 부정적인 이야기를 들고 고개 숙일 일은 없었을 테니까요. 반복적으로 아이에 대한 안 좋은 소식을 접하는 부모는 점차 가슴이 무너지는 절망에 휩싸입니다.

문제행동인지 아니면 정상 범주의 부정적 행동인지를 대략 구별할 수 있는 방법이 있습니다. 간단히 말해 부모의 지시에 대해 50퍼센트 이상 순응하면 정상 범주이고, 그 아래라면 문제행동입니다. 후자인 경우, 지시를 거의 따르지 않는 10퍼센트 미만인지, 아니면 상대적으로는 지시를 따르는 편인 40퍼센트인지 구분해야 합니다. 이에 따라서 아이의 문제행동에도 차이가 있습니다.

문제행동을 보이는 아동은 한두 가지 문제행동만 하는 것이 아닙니다. 여러 문제행동을 병행하며, 어떤 경우에는 열 가지 이상의 행동을 보이기도 합니다.

문제행동의 예시

부모의 지시에 따르지 않기, 징징대기, 말대꾸하기, 반항하기, 욕하기, 침 뱉기, 말싸움하기, 격분 하기, 규칙 지키지 않기, 거짓말하기, 때리기, 물건 던지기, 훔치기, 벽에 낙서하기, 동물 괴롭히기, 산만하고 과잉된 행동하기 등

이러한 문제행동의 근본적인 이유는 관심과 자극을 얻고, 부모의 요구를 피하기 위함입니다. 아이들은 부모관심을 끌려고 징징대거나 지시에 따르지 않는 행동을 합니다. 부모의 요구는 기본적으로 아이에게 강제성을 띠기 때문에 아이 입장에서는 불편하고 싫을 수밖에 없습니다. 때문에 아이는 부모의 지시를 피하려 합니다. 예를 들어, 숙제를 하지 않기 위해서 말대꾸를 한다거나 거짓말을 한다거나 반항을 하는 식입니다.

아이들의 문제행동은 복합적 이유를 갖습니다. 문제행동은 부정적인 방식이지만, 아이들은 이를 통해 결과적으로 부모에게 관심을 받을 수 있습니다. 부모에게 강력하게 자기의 의사를 전달하는 과정에서는 자극적인 상태가 만들어집니다. 스마트폰을 그만하라고 했을 때 아이는 울고불고 생떼를 부리다가 격분해서 엄마를 때립니다. 이런 일을 겪으면 부모는 스마트폰을 그만하라고 할 때마다 이런 반응을 보일까 두려워져 아이를 제지하는 빈도가 줄어들고, 아이는 자기가 원하는 방식으로 부모를 조종할 수 있게 됩니다.

문제행동을 보이는 아이를 다룰 때 첫 출발은 부모의 자책감을 떨어뜨리는 것입니다. 부모가 아이를 대할 때마다 갖는 자책감은 상황을 낫게 하는 데 별 도움이 되지 않습니다.

저는 임상현장에서 무능한 부모는 존재하지 않는다고 생각합니다. 최선을 다했지만, 어쩔 수 없었겠지요. 이들도 다른 부모들처럼 좋은 방법으로 아이를 훈육했지만, 아이가 정말 다루기 힘든 유형이었을 수도 있습니다. 이들은 아이를 사랑하지만, 아이가 가진 기질과 개인적 특징을 몰랐을 뿐입니다. 다른 아이보다 훨씬 손이 많이 가는 아이를 이렇게 돌봐 주는 부모는 그 자체로도 최선을 다한 부모입니다. 문제행동이 심한 아이를 둔 부모일수록 격려받고 희망을 느낄 수 있어야 합니다. 그래야 비로소 아이의 치료가 가능해집니다.

문제행동을 하는 아이에 대한 부모의 훈육방식이 무조건 잘못된 것은 아닙니다. 부모가 가진 기존의 훈육방식에도 분명히 장점은 있을 것입니다. 그럼 문제행동을 하는 아이를 변화시키기 위해서는 무엇이 필요할까요? 예를 들어 침을 뱉는 아이가 있을 때 이 아이의 특정한 부정적 행동을 단순히 제거하는 것만이 목표가 되어서는 안 됩니다. 좀 더 근본적인 주제인, 아이와 부모 사이의 상호작용 패턴을 바꾸는 것이 변화의 핵심입니다.

아이의 문제행동을 변화시키는 기본 전략은 크게 두 가지로 나뉩니다. 아이의 부정적인 행동을 감소시키는 것, 그리고 긍정적인 행동을 강화하는 것입니다.

문제행동을 감소시키기 위해서는 부모가 아이의 행동에 대해서 선택적으로 관심을 주는 자세를 배워야 합니다. 이는 아이의 문제행동을 해결하는 데 가장 중요한 전제가 됩니다. 아이의 문제행동을 제지하지 못하고 끌려다니다가 갈등 상황을 폭발시키는 부모의 특징은 이 부분이 부족하다는 데 있습니다. 문제행동은 아이를 더욱 주목하게 만들기 때문에 상황이 어쩔 수 없이 아이가 원하는 방향으로 흘러가곤 합니다. 부모의 시선을 끌기 위해 문제행동을 저지르는 악순환이 시작되는 것입니다.

부모는 아이가 긍정적인 행동을 했을 때에만 관심을 보여 '긍정적 행동을 하면 부모의 관심을 받을 수 있다'는 사실을 학습시켜야 합니다. 반면 부적절하게 행동하면 무관심한 태도를 유지해 아이의 문제행동을 감소시킵니다. 부모의 말에 따르지 않으면 일관된 결과를 제공해 아이가 부모의 지시를 무시하거나 피할 수 없도록 합니다.

이러한 치료의 핵심은 아이의 개인적인 특정 문제행동만을 수정하기보다는 부모와 아이 사이에 발생하던 악순환, '문제행동-부정적 관심 끌기', '문제행동-지시에 따르지 않기'라는 행동 패턴을 바꾸는 것이 필요합니다. 부정적 관심 끌기와 부모의 요구에 따르지 않기를 감소시키면 아이의 문제행동을 줄일 수 있습니다.

제안

: '하지 마'는 NO

문제행동의 변화를 위한 기본 철학은 개별 행동보다는 상호작용 패턴 변화를 일으키는 것, 그리고 비판적이지 않고 긍정적 자세를 유지하는 것입니다. 아이와의 소통 방식은 '하지 말라'보다는 '하라'는 건설적인 피드백을 제공해야 합니다. 이는 아이를 기분 좋게 하고 부모와 잘 협력할 수 있도록 만듭니다.

(이렇게 해 보세요!) 문제행동 해결을 위한 성찰

◦ 아이의 문제행동의 종류가 무엇인지 적어 보세요.

  예: 소리 지르기, 때리기 등

◦ 아이가 문제행동을 했을 때 부모로서 어떻게 반응했는지 적어 보세요.

  예: 아이의 소리 지르는 문제행동을 보였을 때 나는 어떻게 했는가?

    →주변 시선이 불편한 나머지 아이를 혼내지 못하고 넘어가 주었다.

- 아이가 문제행동을 통해서 얻는 것이 무엇인지 적어 보세요.

  예: 부모의 요구를 회피할 기회를 얻는다. 따라서 좋아하는 게임을 더 오래
  할 수 있다.

- 아이의 문제행동과 부모의 대응이 만드는 악순환 과정을 정리해 보세요.

  예: 아이가 소리를 지름→부모가 모른 척함→아이의 소리 지르기 촉진→아
  이의 게임 시간 연장

- 아이의 문제행동에 관심 두지 않고 무관심한 태도 보이기를 위한 구체적
  행동 태도를 정리해 보세요.

- 아이가 긍정적인 행동을 했을 때에는 반드시 칭찬, 격려, 보상해 주어 문제
  행동 때 보다 더 크게 관심을 가져다 주어야 합니다. 이 점을 명심하세요.

환경 변화의 중요성

　　오래전 남편과 사별하고 혼자 살던 육십 대 여성이 있습니다. 그녀는 25년 동안 한 아파트에서 살았습니다. 어느 날 외출을 마치고 돌아온 그녀는 집에 도둑이 들었다는 것을 알게 되었습니다. 여성은 이사하기로 맘을 먹고, 이삿짐 센터에 연락했습니다.

　그런데 그때부터 여성은 악몽에 시달렸습니다. 꿈에서 이삿짐 센터 직원들이 그녀를 막아서고 이사하지 못하도록 붙잡았다는 것입니다. 어느 날은 그들이 이삿짐을 옮길 때 의도적으로 물건을 남겨두어 귀중품을 잃어버리는 꿈을 꿨습니다. 어느 날은 가구에 불길한 표식이 남아 있는 꿈, 그녀가 외출하면 누군가 미행하고 자기들끼리 신호를 주고받는 꿈도 꿨습니다.

이런 꿈이 반복되자 여성은 정신과에 찾아갔고, 의사는 여성에게 진정제를 처방해 주었지만, 별다른 차도는 없었습니다. 또 다른 정신과 의사와 면담을 하기도 했는데 그녀는 의사의 책상에 놓여 있는 병을 보고 분명히 위험한 물건일 것이라고 느꼈습니다. 면담 끝에 의사는 그녀를 망상적 사고장애로 진단을 내렸고 입원을 권했으나, 그녀는 거절했습니다.

여성은 이에 그치지 않고 다른 전문가를 찾아갔습니다. 그 전문가는 환자를 둘러싼 환경을 변화시키며 치료를 하는 사람이었습니다. 그는 여성이 갑작스러운 이사 결정 때문에 예전에 살았던 집과 알고 지내던 이웃 등 안전한 껍질을 잃어버린 상태라고 설명했습니다. 지금 여성은 껍질을 잃은 게처럼 상처받기 쉬운 상태인 것이지요. 그러니 새로운 껍질을 갖게 된다면 이러한 문제들은 사라질 것이라고 그녀를 안심시켰습니다.

두 사람은 어떻게 하면 새로운 껍질을 앞당길 수 있는지 의논했습니다. 여성을 위한 솔루션은 새로 이사한 집이 더욱 친숙하게 느껴지도록 집을 예전 집과 같이 장식하는 것이었습니다. 집을 예전처럼 꾸미자 여성의 행동은 점차 예전처럼 일상적이게 되었습니다. 그녀는 이 변화를 확산하기 위해 예전처럼 일정한 시간에 일어나고, 씻고, 같은 가게에 가서 같은 계산대를 사용하기로 했습니다. 옛 친구나 가족들을 만나도 그들에게 불안감을 주지 않기 위해 이러한 경험에 대해서는 이야기하지 않기로 했습니다.

결과적으로 이 여성의 치료는 성공했습니다. 여성은 도난 사건이 발생한 후 불안에 사로잡혀서 이사했지만, 새로운 환경에 적응하지 못한 데에서 발생한 두려움을 자신에게 대항하려는 음모로 받아들였습니다. 그리고 이러한 의심은 주변 사람들에게 정신병적인 현상으로 확대해서 받아들여졌습니다. 그러자 여성은 더욱 공포를 느끼고 악순환이 만들어졌습니다.

미국의 의학자이자 가족치료사인 살바도르 미누친Salvador Minuchin이 소개한 망상적 사고장애를 가진 육십 대 후반 여성에 관한 내용은 환경과의 상호작용을 변화시킴으로써 문제를 다루는 접근을 보여줍니다.

미누친이 소개한 이 사례는 아이들의 증상에도 의미 있는 치료 가능성을 제시합니다. 사실 이 여성은 자신의 문제를 정신질환으로 여겨서 입원과 투약을 하는 것보다는, 환경을 바꾸어 이 문제에 적응하게 하는 접근이 훨씬 받아들이기 수월했을 것입니다. 모든 아이의 증상을 환경과의 상호작용으로 바꿀 수는 없지만, 의미 있는 치료적 접근임은 분명합니다.

문제행동을 보이는 아이를 해결하는 방법에는 크게 아이의 개별적 행동을 수정하는 방법과 더불어 아이를 둘러싼 환경을 바꾸는 방법이 있습니다.

7살 영수는 한 달에 겨우 2.5번정도 대변을 보는 심각한 배변장애를 겪고 있었습니다. 오랫동안 대변을 보지 못한 나머지 주기적으로 병원에 가서 도움을 받아야 했습니다.

영수의 배변장애는 동생이 태어난 후 발생했습니다. 여동생이 태어나자 가족들은 기뻐했고, 영수는 위축됐습니다. 영수는 그동안 당연하게 누리던 부모의 사랑을 동생에게 빼앗겼다고 느꼈고, 결국은 자기 것이 하나도 남지 않을 수도 있다는 불안에 시달렸습니다. 영수의 배변문제는 자기의 것을 빼앗기지 않으려는 심리와 연결되었습니다. 온전히 자기 것인 대변만은 빼앗기지 않고 지키려는 것이지요.

전문가의 솔루션은 영수에게 자기만의 것을 만들어 주라는 것이었습니다. 영수의 부모는 거실에 영수만의 텐트를 설치하여 아이가 원할 때는 언제든 텐트 안으로 들어갈 수 있게 했습니다. 거실에 있긴 하지만, 이곳은 오직 영수만의 것입니다. 동생뿐 아니라 부모도 이 텐트를 함부로 건드릴 수 없습니다. 영수는 자기만의 공간이 생긴 것에 만족했고, 배변장애는 점차 완화되었습니다. 먼저,

부모가 영수를 대하는 상호작용에 변화를 일으키고, 영수만을 위한 공간을 마련해 영수의 불안을 감소시킨 것이 큰 도움이 되었습니다.

인간은 환경에 영향을 받는 존재로, 환경과의 상호작용을 통해 경험을 유지하거나 적절하게 수정될 수 있습니다. 아이가 문제행동을 하면 잘못만 보이기에 아이가 왜 이런 행동을 하게 되었는지, 주변환경에 대해서는 인식하지 못하는 경우가 많습니다. 문제행동을 갖는 아이를 바꾸고 싶다면 아이의 행동을 수정시키는 방식과 더불어, 아이를 둘러싼 환경을 탐색하고 환경과의 상호작용을 살펴보아야 합니다.

제안
: 아이의 상태를 객관적으로 파악하기

아이가 보이는 문제행동과 증상은 아이를 둘러싼 환경과의 상호작용의 변화를 통해서도 완화 할 수 있습니다. 환경의 변화를 통한 해결 방법은 아이에게 상대적으로 부담이 덜합니다. 여기서 기억할 것은 부모가 해결책을 찾기란 어려울 수 있다는 것입니다. 앞서 말했듯 자신의 가족을 객관화하기는 어려우니까요. 또한 부모는 아이의 환경을 둘러싼 중요 요인이기에 스스로 아이와의 상호작용을 찾기는 어려울 수 있습니다. 하지만 부모의 시각이 아닌 아이의 시각에서 주변 환경을 본다면 환경 인식의 실마리를 찾을 수 있습니다.

문제와 증상을 보이는 아이를 문제아로만 보지 말고, 한 발 뒤로 물러나서 객관적으로 바라보세요. 이 아이를 둘러싼 환경이 어떤지를 생각해 보세요. 그리고 불성실함, 게으름, 둔함, 어리석음, 약함, 자신감 없음, 못생김, 느림 등의 부정적 단어를 사용하지 않고 아이의 현 상태를 표현해 보세요. 이 아이는 지금 어떤 환경에 둘러싸여 있나요? 아이를 둘러싼 환경이 무엇을, 어떻게 요구하는지 생각해 보세요. 그리고 철저하게 아이의 시각에서 바라보려고 시도해 보세요.

3장

밝은 가정을 향한
작지만 확실한
한걸음

좋은 부모는 좋은 부부관계를 유지하는 부모

아이에게 맞는 좋은 훈육이라는 것은 훈육방식만으로는 설명하기 어렵습니다. 아이의 기질과 성격에 잘 맞는 훈육방식, 그리고 그에 더불어 아이를 둘러싼 건강한 양육 환경이 필요합니다. 부모가 아무리 열성적으로 좋은 훈육방식을 적용하려고 애써도 기대한 것만큼 효과가 없을 수 있습니다. 그것은 훈육방법의 문제라기보다는 아이를 둘러싼 환경을 파악하는 데에서 무언가 놓쳤을 가능성이 큽니다.

7살 영철이의 부모는 겉으로는 이상적인 부모에 가까웠습니다. 두 부부는 부모로서 서로의 역할을 잘 분담하고, 아이의 학습적인 면만이 아닌 정서적인 부분까지 세심하게 배려하여 관리하고 있었습니다. 그러나 아이는 생각만큼 건강하게 성장하지 못했습니다. 예민하고 까다로웠고, 자신감이 부족하고, 또래 아이들과도 친하게 지내지 못하는 아이였습니다. 게다가 최근에는 부모에게 거칠게 반항해서 심한 갈등을 빚었습니다.

부부는 서로 성격적으로나 소통의 방식에 있어 너무나 큰 차이를 갖고 있었습니다. 이렇게 다른 성격의 소유자가 부부라는 것이 신기할 정도였습니다. 당연히 두 부부 사이에는 늘 긴장과 갈등이 있었고, 다만 아들을 잘 키우겠다는 마음만으로 서로의 차이에서 오는 갈등과 실망감을 숨긴 채 살고 있었습니다.

가족을 모빌로 보는 관점은 아이의 어려움을 이해하는 데 중요한 변화를 가져왔습니다. 아이의 문제를 단순히 기질, 성격 등 아이의 개인적 특성으로부터 기인한 것만이 아닌 아이를 둘러싼 지속적인 상호작용의 결과로 보게 만들었습니다. 이러한 가족의 시각 속에서 영철이의 부모는 엉철이에게는 적절한 부모 역할을 수행하지만, 부부관계에서는 제대로 작동하지 못하고 있었습니다. 아이에게 제일 중요한 것은 나중에 잘되는 것이 아니라 엄마, 아빠가 이혼하지 않고 현 가족을 유지하는 것입니다. 영철이의 문제행동은 사사건건 갈등을 겪는 부모가 헤어지지 않기를 바라는 바람과 불안, 두려움이 뒤엉켜서 발생한 것입니다.

　가족 안에서 일어나는 모든 일은 아무리 주의 깊게 숨겨져 있다고 할지라도 아이들에게 영향을 미칩니다. 부모는 가족 안에서 아이가 좋은 부분만 받아들이고 부정적인 부분은 무시하거나 영향받지 않기를 바라겠지만, 그렇게 되지는 않습니다.

　아이는 부모와 자녀라는 울타리 안에서 성장합니다. 그리고 그 울타리 안에는 부부가 중심인 가족이 있습니다. 아이들은 놀라운 능력으로 부모의 관계를 정확하게 파악합니다. 그래서 부부관계를 위장하거나 은폐하기란 불가능에 가깝습니다. 내 아이를 위한 최적의 환경은 부모-자녀관계뿐만 아니라 부부관계가 어떠한가에도 영향이 있습니다.

　좋은 부모가 되는 것은 생각만큼 쉽지 않습니다. 방금 이 설명을 들은 한 아빠는 이렇게 말했습니다.

　"부모가 먼저 행복해야 아이도 행복하다는 거군요."

　정확한 말입니다.

　아이를 둘러싼 환경을 바꾸면 아이의 증상도 변화합니다. 여기서 가장 중요한 환경은 좋은 부부관계를 형성하고 있는 부모입니다.

10살 진영이는 지나치게 산만한 행동으로 ADHD 진단을 받고 약물치료를 받고 있습니다. 그런 진영이는 종종 학교에 가지 않으려고 해서 부모를 걱정시켰습니다.

진영이를 치료하기 위한 작업 단계에서는 마찬가지로 환경을 바꾸어 주는 솔루션이 시도되었습니다.

진영에게는 한 살 많은 형이 있습니다. 두 형제는 연년생으로 사이가 안 좋았으며, 매우 경쟁적인 관계였습니다. 형은 매우 비만하지만, 부모는 형이 원래부터 먹는 것을 좋아했다고 크게 걱정하지 않았습니다. 하지만 상담 과정에서 형의 비만은 이미 심각한 상태이며, 동생의 주의력 결핍, 과잉행동 장애 못지않게 형에게도 관심이 필요하다는 사실을 인지시켰습니다.

부모는 이제는 둘째만이 아닌 첫째까지 신경 써야 하는 환경에 놓였습니다. 환자 또는 문제아로 주목했던 대상이 둘째에서 형으로 옮겨가자 진영이의 증상은 좋아졌고, 적은 약물로도 증상이 조절되었으며, 등교 거부도 점차 사라졌습니다.

이 솔루션은 부모가 진영이를 보는 관점을 변화시켜 진영이를 문제아로만 보지 않도록 이끌었습니다. 그러기 위해 형을 관심의 대상으로 끌어왔습니다. 사실 두 형제는 모두 애정결핍 증상을 보였습니다. 첫째는 먹는 것으로, 둘째는 산만한 행동으로 스트레스를 표현하고 있었던 셈이죠. 둘째 진영이를 문제아로 여기고 부모가 관심을 갖자 진영이의 증상은 계속해서 악화되었는데, 이는 문제행동을 통해 부모의 관심을 끌 수 있었기 때문입니다.

또한 가정에서는 부부관계의 개선이 시도되었습니다. 두 부부는 '거짓 친밀감'을 지닌 부부로, 서로에 대한 실망과 분노를 표현하지 못하고 애써 부모와 배우자 역할을 수행하고 있었습니다. 정확하게 말하자면 연기에 더 가까웠죠. 부부는 오랫동안 정서적으로 멀어진 채 지내 소통과 관계가 단절되어 있었습니다. 부부의 가면을 벗겨내고 서로에 대한 실망과 상처를 표현하게 하자 비로소 진짜 감정이 드러났습니다. 비록 처음에는 부정적인 감정만 표출했지만, 그마저도 서로에게 진실한 감정을 드러낸 것은 오랜만이었습니다.

부부관계가 개선될수록 형제의 증상도 완화되었습니다. 진영이를 둘러싼 환경의 변화를 위해 그동안 무시되었던 형의 증상을 주목하게 되었고, 동시에 이러한 가족 환경의 변화 속에서 부부관계의 개선이 일어나자 진영이의 문제도 완화된 것입니다.

제안

: 아이에게 영향을 끼치는 것들을 파악해라

  아이를 잘 키우고 싶은 마음은 모든 부모의 공통된 주제입니다. 그러나 부모의 기대와는 달리 문제행동을 보이는 아이에게 부모는 당황하게 되고, 무엇을 더 해 주어야 하는지 고민하게 됩니다.

  앞서 말했듯 아이를 둘러싼 환경이 변화되면, 거기에 따라 행동에도 변화가 찾아옵니다. 아이가 속해 있는 위치나 지위가 변화되는 방식에 따라 아이의 일상행동에 변화가 일어나는 것입니다. 아이가 처한 환경을 관심 있게 찾으려는 적극적인 태도가 필요합니다. 아이가 불안해하는 요인, 무엇이 힘든지, 무엇을 싫어하는지 등에 대해 살펴보아야 합니다. 만일 부모 스스로 찾는 것이 힘들면 전문가에게 도움을 받는 것도 좋습니다. 아이를 둘러싼 환경에서 가장 직접적인 영향을 미치는 것은 부모의 부부관계입니다. 두 번째는 형제, 자매, 남매의 위치와 서열, 역할입니다. 세 번째는 실제적인 양육자의 역할을 하는 조부모와 부모의 관계입니다.

환경을 파악하기 위한 질문

◦ 문제행동이 누구에게서 반복적으로 나타나나요?

◦ 현재 아이에게 가장 스트레스가 되는 요인은 무엇인가요?

◦ 아이의 문제행동이 가족 분위기에 어떤 영향을 미치나요?

◦ 아이의 문제행동으로 인해 가장 불편해지는 사람은 누구인가요?

◦ 아이의 문제행동에 가장 큰 불만을 갖는 것은 누구인가요?

◦ 아이의 문제행동에 지지를 보내는 것은 누구인가요?

◦ 아이의 문제행동에 직접적으로 연결되어 있는 가족환경은 무엇인가요?

뿌리 깊은 오해, 가족 희생양

보통 계속 문제를 일으켜 부모를 힘들게 하는 아이는 가해자, 부모는 피해자로 보일 수 있습니다. 표면적으로는 아이가 부모의 걱정, 근심, 불안, 혼란을 야기하는, 너무나 이기적이고 충동적인 존재로 비칩니다. 때문에 아이가 문제행동을 하지 못하게 아이를 바꾸어 놓고, 그동안 고생한 부모에게는 평화를 가져다 주는 것이 솔루션이라고 생각될 수 있습니다.

그런데 '문제를 일으키는 아이'와 '힘겨워하는 부모'라는 도식이 뒤집히는 경우가 있습니다. 한 치의 앞을 모르는 우리의 인생처럼,

가족 안에서 발생하는 문제는 예상치 못한 전개로 나아갈 수 있습니다. 가해자 아이, 피해자 부모라는 구도에서 벗어나 객관적으로 전체를 보면, 상황이 달라 보입니다. 고통받던 부모는 무의식적으로, 또는 교묘하게 가족의 문제를 아이를 통해서 해결하려고 하고 있고, 문제를 일으키는 아이는 부모의 이혼과 가족 해체를 자신의 문제행동을 통해 막고 있다는 전혀 다른 모습이 주로 나타납니다. 이러한 시각에서 보면 문제아로만 보였던 아이에게 깊은 연민을 느끼게 됩니다.

가족 안에 긴장이 계속 높아지면 이러한 불편한 상황을 어떻게든 해결하고 싶어집니다. 가족 안에서 긴장을 발생시키는 대표적인 원인에는 부부관계 어려움, 경제위기, 고부 갈등, 외도 등이 있습니다. 당연히 집안의 문제는 성인인 부모가 해결해야 하지만, 여의치 못한 경우가 많습니다.

가족관계 안에 발생한 긴장과 갈등을 해결하려면 불편한 정서를 안정적으로 드러내고 소통할 수 있는 건강한 자존감이 필요합니다. 갈등을 해결하려고 하다가 미숙하게 상대방에게 상처를 주거나 책임을 일방적으로 전가해서 더 큰 갈등을 일으킬 수도 있습니다. 이처럼 성공하지 못한 경험은 부부의 갈등 해결 의지를 꺾어놓습니다. 하지만 그렇다고 해서 계속 불편한 갈등 상태를 유지할 수도 없는 노릇이죠.

가족 안에 발생하는 갈등을 해결할 수 없는 상황 속에서 부부는 다른 방법을 통해 긴장을 해결하려고 합니다. 여기에서 동원할 수 있는 다른 선택 가능성에 자녀가 있습니다. 부모는 아이에게 가족 안의 긴장을 해소하도록 암묵적으로 일정한 역할을 요구하거나 아이가 가족을 위해 기꺼이 행동하도록 합니다. 이렇게 가족의 긴장을 해결하기 위해 동원된 아이를 '가족희생양'이라고 부릅니다. 가족희생양은 아이의 문제를 모빌과 같은 가족과의 연관성에서 보는 시각입니다.

오늘날 누군가를 희생양이라고 말할 때, 그것은 그가 다른 사람의 잘못에 대한 비난을 대신 떠맡는다는 것을 의미합니다. 가족희생양은 가족의 짐을 짊어진 사람으로, 부당하게 가족 문제의 원인 제공자로 비난받습니다. 즉, 가족희생양은 가족이 그들의 결속력을 유지하기 위해 가족 중 한 명을 희생양으로 이용하는 것을 말합니다. 희생양이 된 개인은 가족의 긴장을 다른 곳으로 돌리고, 가족에게 결속의 토대를 제공하는 중요한 기능을 합니다.

부부가 서로 친밀하지 않거나 소통에 어려움을 겪으면 가정에 긴장과 갈등이 발생합니다. 두 사람 사이에는 언제부터라고 말할 수 없을 정도로 만성화된 갈등이 존재합니다. 만성화된 부부 갈등의 유형에는 '비대칭 가족'과 '분열된 가족'이 있습니다. 미국의 가족치료사 시어도어 리츠Theodore Lidz는 이 두 개념을 통해 가족희생 양을 발생시킬 수 있는 부부관계를 설명합니다. '비대칭 가족'은 부부 사이 힘의 균형이 지나치게 깨진 관계입니다. 보통 한 배우자가 약한 배우자가 되어 강한 배우자의 지배를 받아들이며, 그것에 저항하지 않는 특성을 보입니다. '분열된 가족'은 부부 중 우세한 힘을 가진 사람 없이 팽팽하여 부부관계에 만성적인 적대감과 상호 위축이라는 특징이 있습니다.

비대칭 가족이나 분열된 가족이 가진 구조적인 문제는 가족의 일상에 계속 긴장감이 흘러 경직된 부모 역할에 붙잡히게 되고, 그 영향으로 자녀들에게 문제를 초래한다는 것입니다. 이런 가정에서 자란 자녀들의 내면에는 분노와 두려움이 자리해 혼란과 병리적인 문제까지 초래합니다. 또한 이와 같은 문제를 가진 아이들은 부정적인 관심의 대상이 되며, 나중에는 희생양의 역할을 떠맡게 됩니다.

가족희생양이 된 아이들은 부부관계를 힘들게 이어가는 부모를 보며 엄마의 비위를 맞춰 주고, 아빠의 눈치를 보면서 성장하게 됩니다. 어느 날 하루만 그런다면 별문제 없겠지만, 매일이 그렇다면 아이의 삶은 고달플 것입니다. 폭력, 폭언, 비행, 자살 시도, 도벽, 거식증, 등교 거부, 스마트폰 및 게임중독과 같은 문제행동은 그동안 드러낼 수 없던 아이의 왜곡된 자기표현인 셈입니다. 이를 통해 부모를 불편하게 만들고, 덕분에 부부는 끊임없는 긴장, 불안, 불만, 실망을 비껴갈 수 있습니다.

부부 사이에 숨은 갈등 상태가 있는 경우, 부모는 교묘하게 아이의 지지를 받고자 노력합니다. 이런 경우 아이의 증상은 부모 중 하나를 택해야 하는 괴로움에서 오는 스트레스의 표현일 수도 있습니다. 둘 중 한쪽 부모를 선택하면 한쪽 부모와는 가까워지지만, 다른 쪽 부모와는 거리가 멀어지게 되는 위험이 발생합니다.

가족희생양의 역할은 다양합니다. 가장 두드러진 역할은 문제를 일으키고 사고뭉치의 역할을 하는 것입니다. 다음으로는 정반대로 가족의 영웅, 성자, 모범생 역할을 하는 것입니다. 후자는 가족들에게 희망을 주거나 믿음직스러운 행동으로 대견함을 사고, 자랑스러운 자녀 역할을 합니다. 그 다음은 상담사, 부모의 배우자, 중재자 역할입니다. 부모의 불만을 들어주거나 대신 배우자의 역할을 수행하여 부모의 긴장과 갈등을 중재하는 것입니다.

앞서 살펴본 것처럼 문제행동을 보이는 아이를 단순히 문제아로 보는 것은 적절하지 않습니다. 아이의 문제행동이 결과적으로 가족의 위기와 높아진 갈등을 잠시나마 완화하는 역할을 한다는 것을 알게 되면 문제아에 대한 새로운 시각을 갖게 됩니다.

그럼, 문제행동을 보이는 모든 아이가 희생양일까요? 그렇지 않습니다. 아이를 둘러싼 가족 환경이 긴장과 갈등으로 복잡하게 얽혀 있는 경우에 가족희생양이 될 가능성이 높을 뿐입니다.

제안

: 함께 해결하기

집단에서 발생한 긴장과 갈등을 누군가에게 전가해 해결하려는 이 방식은 인류의 역사만큼 오래된 것입니다. 오랫동안 인류의 삶과 가족에서 희생양을 세우는 방식이 이어져 왔다는 것은, 이 방법에는 그만큼 손쉽게 문제를 해결해 주는 장점이 있다는 뜻입니다. 그러나 희생양이 된 사람에게는 날벼락이겠지요.

가족희생양이 된 자녀의 운명은 비극적입니다. 개인의 문제와 가족의 문제가 뒤엉켜 인생이 초입부터 꼬이게 됩니다. 게다가 어린 시절 희생양 역할이었던 사람이 부모가 되면 그것을 반복할 가능성이 큽니다. 희생양의 방식 말고 다른 방식으로 가족 안에 일어나는 긴장과 갈등을 해결하려면, 부부 사이에서 발생하는 긴장과 갈등을 건강한 방식으로 오픈할 수 있는, 용기 있고 건강한 소통의 힘이 필요하거든요. 상대편에게 책임을 전가하거나 지나치게 자기에게 책임 전가하는 방식이 아닌, "우리 함께 이 문제를 해결해 볼까?"라는 열린 자세가 필요합니다. 함께 해결하려는 태도에서 중요한 것은 갈등의 원인과 결과를 결정하지 않고 의논하는 자세입니다.

몇 년 전 호주에 갔을 때 TV에서 흥미로운 프로그램을 보았습니다. 한 여성이 다른 사람들의 집에 방문해서 거실이나 주방, 방을 정리해 주는 내용이었습니다. 정리 전 모습과 정리 후 모습을 보여 주니 집의 분위기가 완전히 달라 보였습니다. 새로운 물건이나 장치를 설치하는 것이 아니라 기존 가구의 배치를 변경하는 만으로도 큰 변화를 이뤄낸다는 것이 흥미로웠습니다. 변화는 무언가 새로운 것을 가져오는 것만이 아닌 기존 질서의 배열을 바꾸는 것만으로도 가능하더군요.

아이를 둘러싼 환경을 바꾸는 것도 이 일과 크게 다르지 않습니다. 무언가 새로운 방식을 도입하고 여기에 적응하기 위해 애쓰기보다는, 기존의 질서를 존중하면서 변화의 지점을 만드는 것이 아이를 비롯한 부모와 가족 모두에게 더 유익할 것입니다.

부부 사이에 갈등이 발생하면 갈등 자체도 힘들지만, 이를 해결해야 한다는 사실이 더 힘들게 느껴집니다. 아주 극적인 해결이라는 것은 존재하지 않습니다. 부부가 상대방에 대한 기대와 실망을 내려놓고, 동등한 파트너로서 "그럼, 우리 이걸 함께 해결해 보자. 어떻게 하면 좋을까?"라는 열린 자세를 가질 수 있다면, 서로 동등한 소통이 가능해집니다. 이러한 자세를 갖기만 하더라도 변화는 시작된 것입니다.

아이 인생을 힘들게 하는

부모의 불안

아이를 사랑하지 않고 학대, 방임하는 부모만 나쁜 부모가 아닙니다. 아이를 대단히 사랑하고 소중하게 여기는 부모 중에도 나쁜 부모가 있습니다. 자녀를 소중하게 여기는 부모를 나쁜 부모로 만드는 요소는 바로 높은 불안입니다. 불안이 높은 부모는 그들의 마음과는 별개로 아이를 힘들게 만듭니다. 아이에 대한 사랑과 책임감이 크고, 아이를 소중하게 여기면서도 그럴수록 더욱 나쁜 부모가 됩니다.

아이를 사랑하고 소중하게 여기는데 왜 나쁜 부모가 되는 걸까요? 불안은 가장 고통스러운 감정 상태 중 하나입니다. 불편한 기분만이 아니라 '무언가 잘못될지도 모른다', '안 좋은 일이 생길 수도 있다'는 생각이 계속 들면 그것이 우리를 두렵게 만들어 이를 위해서 무언가를 해야 한다고 믿게 됩니다.

구석기시대에 동굴 속에서 생활하던 인류는 끊임없는 위험과 싸워야 했습니다. 불안이 높은 부족이나 개인은 그만큼 위험에 빠르게 대처해 생존 가능성이 컸을 것입니다. 또한 그들은 앞으로 닥쳐올 미래 역시 대비할 수 있기에 생존력이 더욱 높았을 것입니다.

그러나 이 놀라운 생존기제는 오늘날 현대인들에게는 불안이라는 고통을 가져다주는 요인이 되었습니다. 구석기시대에는 다른 부족의 습격이나 맹수 공격, 자연재해, 전염병 등 위험 요소가 분명했습니다. 하지만 현대를 살아가는 우리에게 위험의 대상은 그러한 직접적인 요인 몇 가지가 아니라 그 수가 무한대까지 넓어지면서 대상이 지나치게 많아졌습니다.

높은 불안을 갖는 부모는 아이가 불안을 느끼는 가장 큰 요인입니다. 아이를 사랑하고 소중하게 여길수록 불안감은 커집니다. 당연히 부모는 자기 내면의 불안을 해결하고 싶어 합니다. 이 때 해결방법 중 가장 대표적인 것이 아이를 틀에 넣고 통제하는 것입니다. 부모라면 대부분 아이에게 어느 정도의 틀을 만들어 주고 통제하려고 하는 것이 사실입니다. 하지만 높은 불안을 가진 부모는 아이에게 요구하는 통제 범위와 틀이 지나치고, 종종 비이성적이기까지 합니다. 높은 불안은 비합리적 사고를 만들어내는데, 여기서 만들어진 생각과 판단, 행동 등이 아이를 힘들게 만드는 것입니다. 불안으로 인해 부모가 아이를 과보호하면 아이의 삶에서는 너무 많은 것이 금지되고, 수긍할 수 없는 요구를 따라야 하는 문제가 생깁니다. 그러면 일상에서 많은 불편함을 겪습니다. 또래 아이들도 모두 자기처럼 지낸다면 어느 정도 받아들일 수 있겠지만, 어느 순간 아이는 다른 아이들은 자신과는 다르게 자유롭다는 사실을 알게 됩니다. 때문에 부모와의 끊임없는 갈등과 투쟁의 사건을 만들어냅니다.

여기, 높은 불안감을 가진 아빠가 있습니다. 그는 아들이 자전거를 사달라고 요구하는 것을 거절했습니다. 안전하지 않다는 것이 그 이유였습니다. 아이는 아이들과 함께 공원에서 자전거를 타고 싶은 것이 전부였지만, 아빠는 자전거 사고 횟수까지 정리해서 보여 주며 자전거 구매를 반대했습니다. 겨우 10살인 아이가 교통사고 가능성을 이유로 자전거를 사 주지 않는 아빠를 이해할 수 있었을까요? 그리고 이러한 아빠의 행동이 모두 자기를 염려하는 마음, 즉 사랑에서 나왔다는 것을 알 수 있을까요? 아이가 아빠의 행동을 이해하는 것은 불가능할 것입니다. 다른 아이들은 다 자전거를 타고 다니는데 왜 나만 조심해야 하는지 동의하기 어려웠을 테지요. 결국은 이는 부자의 극한 대립으로 이어졌습니다.

이러한 대립 속에서 아이가 선택할 수 있는 사항에는 크게 두 가지가 있습니다. 먼저, 계속해서 극한 대립을 이어가는 것입니다. 아이는 아빠에게 거세게 항의했고, 그래도 허락하지 않자 친구의 자전거를 빌려서 탔습니다. 그런데 이 장면을 우연히 아빠가 보게되었고, 둘의 갈등은 최고조에 치달았습니다.

두 번째 선택 사항은 아빠와 다투지 않아도 되며, 오히려 더 사이좋게 지낼 수 있는 방법입니다. 그것은 아빠의 높은 불안을 자기 안에 받아들이는 것입니다. 아이는 처음에는 아빠의 주장이 말도 안 되고 지나치다고 여겼지만, 그것을 점차 수긍하면서 자기 안에 아빠의 높은 불안을 수용하게 됩니다. 그러면 아빠와 싸우지 않고 사이좋게 소통할 수 있습니다.

그런데 아빠의 높은 불안을 받아들이면, 사는 것이 예전보다 힘들어질 것입니다. 아이의 앞에 놓인 세상은 온통 낯설고 새로운 세상입니다. 낯선 세상에 호기심으로 다가가지 못하고 두려움과 불안으로 접근하게 된 아이의 인생은 아주 꼬이고 맙니다.

높은 불안은 많은 가정 안에서 대물림으로 이어지는 주제입니다. 보통 부모의 불안이 자녀에게 이어지는데, 그 방식은 부모의 높은 불안에서 발생한 행동에 아이가 적응하는 것입니다. 불안에 적응한 아이는 부모와 다투지 않고 오히려 서로의 불안을 깊게 공유하면서 소통합니다. 하지만 부모가 가진 높은 불안은 이제 아이의 인생에 자리 잡았습니다. 성장하면서 겪을 대인관계, 집단, 공간 등 수많은 곳에서 아이는 과도한 불안에 대응해야 합니다. 이제 아이는 더 이상 호기심과 자발성, 흥미, 용기를 가진 열린 아이가 아닙니다.

당신이 아이를 진정으로 사랑하고 소중하게 여기는 부모라면 아이가 또래 아이들처럼 호기심과 창의성을 가진 채 자라는 것과 오직 자신이 아는 것만 하려고 하는 소극적인 아이로 자라는 것, 이 둘 중에서 무엇을 택하겠습니까?

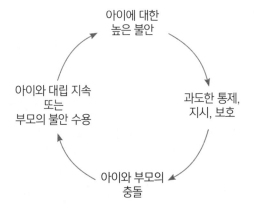

불안을 느끼는 부모는 당장 불안감이 자기 내부에서 밀려오기 때문에 자신의 불안이 과장되었고 지나치게 좁은 시각으로 문제를 바라보고 있다는 사실을 받아들이지 못합니다. 때문에 높은 불안을 가진 부모를 설득하려고 하면 대부분 논쟁으로 이어집니다.

저는 상담 현장에서 높은 불안을 가진 부모와 힘들어하는 자녀 사이에서 발생하는 수많은 문제를 지켜보았습니다. 때로는 비극적인 사연도 있었습니다. 부모와 자녀는 서로 답답해하면서 이해하지 못하고, 대화가 통하지 않아 고통스러워 합니다. 놀라운 것은 부모와 자녀가 서로 비슷한 감정을 느낀다는 것입니다.

제안
: 현실과 불안 사이에 선을 긋자

불안해하는 부모에게 "당신이 틀렸으니 무조건 고쳐라!"라고 말할 수는 없습니다. 그 말을 들을 부모는 거의 없기 때문입니다. 그 대신에 '당신들도 힘들지만, 아이도 힘들어한다'는 사실을 인지시키는 것이 우선입니다. 거기서부터 비로소 대화가 가능해집니다. 자신의 불안감을 줄이기 위해서 아이에게 강요한 것들이 아이를 힘들게 했다는 사실을 그제야 알아차리기 때문입니다.

현실을 있는 그대로 인정하려면 아이를 사랑하는 행동과 내면의 끊임없는 불안 사이에 경계선을 그어야 합니다. 아이가 힘들어하는 부분을 아이의 입장에서 생각하고 느끼려고 시도하면 대화가 가능한 지점을 찾을 수 있을 것입니다. 이것이 바로 역지사지가 불러오는 마법입니다.

이렇게 해 보세요! 불안한 부모가 아이와 대화하는 방법

1. 부모가 아이에게 요구했던 것들에 대한 아이의 입장이 어땠을지 생각해 보세요. 반드시 부모의 시각이 아닌 아이의 입장이어야 합니다.

2. 아이에게 무리한 요구를 하게 했던 두 마음을 정리합니다. 즉, 아이에 대해 염려하는 마음과 내면의 불안 사이에 선을 그어야 합니다.

높은 불안과 | 비합리적 사고

10살 유빈이는 최근 학원에 가지 않고 PC방에서 게임을 하다가 부모에게 발각되었습니다. 유빈이가 집에 귀가한 뒤 화가 난 아빠는 아들의 잘못된 행동을 초기에 잡아야 한다고 강경하게 대응했습니다. 유빈이는 아빠의 지나치게 엄격한 태도에 잔뜩 겁을 먹고 집을 뛰쳐나가 버렸습니다. 유빈이의 부모님은 다음날이 되어서야 파출소에서 보호하고 있던 유빈이를 데려올 수 있었습니다. 그 후 유빈이는 아빠가 혼을 내면 휴대폰을 들고 있다가 바로 경찰에 신고해버렸습니다. 유빈이에 대한 훈육은 말 그대로 붕

괴해버렸고, 이제 유빈이의 부모는 아이를 어떻게 훈육해야 할지 몰라 난감한 상황에 처했습니다.

유빈이 아버지는 아이의 문제행동을 발견했을 때, 이런 일이 지속되고 커질지도 모른다는 불안감에 휩싸였습니다. 그래서 지금 분명하게 바로잡아야 한다고 생각했지만, 결과적으로 부적절하게 대응하게 되었습니다.

'노출불안'은 자신의 약점이나 나약함이 노출될 것을 두려워하는 것을 말합니다. 이들은 약점이 드러나면 다른 사람들이 자신을 나약한 인물이라고 간주할까 두려워합니다. 노출불안의 비극은 상대방에게 자신이 단호하고 결단력 있는 인물임을 보여 주려고 과도하고 극단적인 방법이나 폭력에 의존하도록 만든다는 것입니다.

우리의 많은 실수와 실패에는 어쩔 수 없는 불가항력이 작용하는 경우도 있지만, 우리 스스로가 그것을 자초하는 경우가 많습니다. 이런 경우 그 원인은 높은 불안과 연관이 있습니다. 높은 불안은 언제나 비합리적 사고로 연결되며, 여기에는 경직된 생각, 과거와 현재를 혼동하기, 자기중심적 생각 등이 포함됩니다. 이러한 비합리적 사고 중 부모가 저지르는 대표적인 실수가 바로 노출불안입니다.

인지과학자들에 의하면 우리는 익숙한 방식으로 인지를 처리합니다. 우리 앞에 닥친 것을 그때그때 해석하고 이해하는 것이 아니라, 예전부터 해 왔던 방식으로 처리한다는 것입니다. 그래서 인지에도 일정한 길이 존재합니다. 이러한 익숙한 방식으로 처리하는 방식 중 잘못된 처리 방식이 바로 노출불안으로 인한 행동입니다.

부모는 아이에 대해 자신이 당연히 옳고, 힘이 있는 존재여야 한다고 믿는 경향이 있습니다. 때문에 자신의 약점, 나약함이 노출되는 것을 극도로 두려워하고 피하려고 합니다. 아이가 부모를 나약하고 약점을 가진 인물로 받아들이게 될 것이 두려운 나머지 자신의 나약함과 약점이 드러나게 될 순간 오히려 단호하고 결단력 있고 자신감 있는 모습을 보이려고 과장하게 됩니다. 그러면 극단적인 방법이나 행동을 하게 되고, 아이에게 대한 적절한 훈육에 실패합니다.

앞서 말했듯 노출불안의 대표적인 부작용은 부적절하고 과도한 행동을 만들어낸다는 것입니다. 부모가 아이에게 나약하고 만만한 사람으로 여겨질까 봐 두려워하는 것은 자존감 손상을 우려하기 때문입니다. 아이가 부모에게 예의 바르지 않으면, 부모는 자신이 가진 권위와 존엄이 순식간에 무너질 수도 있다는 이분법적 흑백논리에 의한 두려움에 사로잡힙니다.

노출불안을 가진 부모는 아이에게 다음과 같은 모습으로 나타날 수 있습니다. 먼저, 아버지는 자신감이 넘치는 분위기를 만들어냅니다. 강한 척을 하며 폭력, 폭언, 욕설을 자주 사용합니다. 노출불안에 시달리는 어머니는 냉정하고, 쌀쌀맞고, 차갑고, 강한 페르소나를 만들어냅니다. 이렇게 하여 아이들이 부모의 약점과 약함을 알아보지 못하도록 감추려 합니다.

부모의 노출불안의 주요한 딜레마는 아이의 과잉보복을 자극하는 데 있습니다. 아이의 과잉보복을 유발하면 대인관계에 있어 '받은 대로 돌려준다', '눈에는 눈, 이에는 이'를 적용하게 됩니다. 이렇게 경직된 대응방식은 상황에 맞춰 문제에 대응하게 하는 자원인 융통성, 유연성을 침해하고, 과도하게 한 방향에서만 대응함을 통해 상대방을 자극해 강력한 보복을 불러일으킵니다. 보복당한 후에는 이번에는 더 강력하게 대응하려고 함으로써 상대방과 극한 대립이 발생합니다. 안타깝게도 폭풍 같은 청소년기 반항의 상당수는 이러한 보복이 악순환이 원인이 됩니다.

부모는 문제행동을 일으킨 아이에게서 어떤 이야기도 들으려 하지 않고, 자신이 화났다는 것을 표현하기 위해 크게 소리 지르고 아이를 윽박지릅니다.

"지금 당장 네 방에 들어가서 공부해! 지금부터 스마트폰 절대 못 쓸 줄 알아! 알았어?"

비록 문제행동을 했지만, 아이에게도 할 말이 있었을 것입니다. 문제행동 초기에는 잘못된 행동에 대한 죄책감과 수치심, 미안함으로 힘들었을 텐데 부모의 과도한 반응을 보고 순간 억울함과 답답함, 분노로 돌변했을 것입니다. 노출불안으로 인한 부정적인 대응은 부모와 자녀 사이에 소통의 문제를 야기하고, 관계를 훼손시킵니다. 또한 부모와 자녀 사이에는 다시 돌아오기에 너무나도 큰 간격이 벌어집니다.

노출불안을 가진 부모는 사소한 것이라도 아이에게 양보를 하다 보면 결국 모든 것을 잃게 될 것이라고 성급하게 결론을 내립니다. 그래서 극단적이고 과도한 조처를 취하는 것이지요. 그러나 불행하게도 과도한 조처나 과민반응은 강함을 보여 주기보다는 오히려 나약함을 드러낼 뿐입니다. 부모의 생각과 달리 아이는 자신의 결함을 인정하는 어른에게 존경과 신뢰를 보낸답니다.

제안

: 사과는 나약함의 상징이 아니다

먼저, 아이의 잘못된 행동에 대해 감정적인 대응을 자제하고, 왜 그렇게 했는지 아이의 이야기를 들어 보아야 합니다.

아이의 대답을 인내심 있게 듣고, 스스로도 아이가 왜 그렇게 행동했는지에 대해 생각해 보세요. 부모가 아이를 몰아붙이지 않고 들으려는 자세를 취하면 아이는 그 태도를 배웁니다. 아이는 이러한 부모의 대응방식을 학습되고 인생 전체에 현명하게 활용할 것입니다.

높은 불안감으로 아이에게 과도한 대응을 하였을 경우, 책임을 아이에게 돌리면서 합리화를 하기 보다는 솔직하게 아이에게 사과해야 합니다. "아빠가 너무 심하게 말했다. 미안해"라고요.

노출불안을 가진 부모는 자신의 잘못을 인정하고 수정하는 것이 나약함의 표시가 아니라 오히려 힘의 표시라는 점을 결코 이해하지 못합니다. 사회생활 속에서는 잘못했을 때 자신의 실수를 솔직하게 인정하는 사람이 정직하고 현명한 사람으로 인정받는다는 사실을 망각합니다. 마찬가지로 아이에게 저지른 잘못을 인정하고 사과할 수 있는 부모가 당당하고 자신감이 있는 좋은 부모입니다. 사과는 아이만 하는 것이 아닙니다. 오히려 부모가 자녀에게 할 때 사과의 의미와 가치가 더욱 깊어집니다.

이렇게 해 보세요! 노출불안으로 인한 행동을 막는 전제

∘ 강하고 힘 있고 좋은 부모는 자신이 실망하거나 화가 났다는 것을 감정적으로 드러내지 않습니다. 오히려 차분히 대화를 시도합니다.

∘ 아이가 문제행동을 했을 때는 감정적 대응을 자제하고, 우선 아이의 대답을 경청하세요. 그리고 아이의 대답을 들은 뒤, 당신이 정리한 아이의 생각을 되물어 보세요.

∘ 아이도 자신의 행동이 잘못되었다는 것은 잘 알고 있을 것입니다. 따라서 훈계하고 지시하기보다는 적극적인 대화를 시도하세요.

소통방식의 차이

소통의 어려움은 우리 사회에서 언제나 발생하는 흔한 일입니다. 소통의 문제를 크게 인식하고 있음에도 문제 발생을 막을 수 없는 것을 보면 소통의 문제는 생각보다 어려운 주제 중 하나인 듯합니다. 부모와 자녀 사이에서 발생하는 문제에는 보통 소통의 문제가 어떤 식으로 연결되어 있습니다.

소통문제가 가진 강한 독성은 당사자들에게 오해와 억측, 불신을 발생시킨다는 것입니다. 처음에는 기술적인 문제 같지만, 결국에는 감당하기 어려운 정서와 관계의 문제로 이어질 수 있습니다.

소통의 문제로 힘들어하는 한 모녀를 상담한 적이 있습니다. 두 모녀는 서로 대화가 안 통한다고 화가 난 상태였습니다.

엄마는 딸이 하는 말을 곧이곧대로 받아들이는 사람이었습니다. 딸이 엄마에게 아날로그한 방식으로 메시지를 전달하면 엄마는 그것을 기계적으로 받아들이는 패턴이었죠. 예를 들어 딸이 "나는 엄마가 정말 싫어"라고 하면 엄마는 그 말에 상처받아 "나도 네가 싫다"고 말했습니다. 그런데 딸이 실제로 하고 싶었던 말은 "엄마 때문에 너무 힘들어"였습니다.

우리의 소통의 방식은 크게 디지털 방식과 아날로그 방식으로 구분할 수 있습니다. 디지털 소통은 직접적으로 메시지를 전달하는 것이며, 아날로그 소통은 표정, 목소리의 높낮이, 분위기 등 간접적인 방식으로 메시지를 전달하는 것입니다. 전화기와 같은 기계 도구는 잡음 없이 선명하게 메시지를 전달할 수 있는 점이 장점입니다. 하지만 오프라인에서는 간접적인 방식을 통한 메시지 전달이 더욱 중요합니다. 우리는 무언가 중요한 내용을 이야기할 때 전화보다는 만남을 통해 대화하려고 합니다. 바로 아날로그적인 소통 방식을 활용해 메시지를 전달하고, 상대의 메시지를 해석하기 위해서입니다.

부모는 물론 아날로그적인 의사소통 방식을 잘 알고 있으며 평상시에 이를 잘 사용하지만, 자녀와의 관계에서는 직접적인 방식, 즉 디지털 소통만을 사용하여 소통의 어려움을 겪을 수 있습니다. 자녀가 사용하는 아날로그적인 표현방식을 수용하지 못해 자녀가 보내는 풍부한 간접적인 메시지의 의미를 읽지 못하는 것입니다. 그러면 둘 사이에 엇박자 소통이 발생합니다.

예를 들어 몸이 아파 학원에 가기 싫은 아이는 말을 뱅뱅 돌리면서 엄마에게 학원에 가는 것이 힘들다고 간접적으로 표현합니다. 하지만 엄마에게 혼날까 봐 차마 학원에 안 가겠다고 직접 말하지는 않습니다. 결론은 "오늘은 학원에 가기 싫다"는 것이지요. 만약 이 뜻을 이해하지 못하고 학원에 가라고 한다면 아이는 크게 실망할 것입니다.

좋은 부모의 자질 중에 '눈치가 빠른 부모'가 속한 이유가 여기에 있습니다. 좋은 부모는 아이의 아날로그 소통방식에서 숨은 뜻을 파악하고 대응할 수 있는 능력을 가진 부모입니다. 아이가 어리면 더더욱 자신이 원하는 것을 부모에게 정확히 이해시킬 수 없기 때문에 부모는 아이의 작은 신호에도 그 뜻을 알아차리려는 노력이 필요합니다.

사실 안타깝게도 자녀와의 소통 문제로 갈등하는 부모 중에는 눈치 없고 둔감한 부모들이 많습니다. 이것을 다르게 표현으로 하자면 지나치게 디지털 방식에만 적응된 부모, 아날로그 소통의 풍부하고 다양한 방식을 모르는 부모라는 뜻입니다. 자녀와의 소통 문제는 이러한 두 채널의 통신 방식이 다를 때 자주 발생합니다.

예를 들어, 남편이 어느 날 갑자기 아내에게 "사랑한다"고 기계적이고 정확하게 표현하면, 아내는 남편이 갑자기 왜 그런 말을 하는지, 무슨 말을 하고 싶은 건지 의아해집니다. 정말 사랑한다는 말을 하고 싶다면, 부드러운 표정과 따스한 시선, 분위기가 있는 환경 등 아날로그적인 방식을 활용해야 합니다. 그래야 사랑한다는 말의 참뜻이 전달될 것입니다.

아이는 중요한 것일수록 아날로그 방식를 통해 전하려는 경우가 많습니다. 부모 입장에선 아이의 명확한 의사를 전달받지 못하기에 어려울 수 있습니다. 아이가 아날로그 방식으로 소통을 하려는 것은 부모와 아이의 관계가 동등하지 않기 때문입니다. 자녀의 입장에서는 부모와의 갈등을 표면화시킬 수 있는 디지털 방식보다는 아날로그 방식을 사용할 수밖에 없습니다. 아이만 아날로그 방식을 사용하는 것은 아닙니다. 부모도 일상에서는 그것을 풍부하게 사용할 것입니다. 직장에서 여러분의 모습과 태도가 어떤지 생각해 보세요. 그러나 많은 경우 자녀와 소통에서는 아날로그적인 방식을 잊습니다.

제안

: 두 가지 소통방식을 모두 활용하라

　아이가 부모보다 더 아날로그적인 소통 방식을 사용한다는 사실에 놀란 분들도 있을 것입니다. 자녀는 부모에게 종속되며 의존적인 관계일 수밖에 없어 부모와 자녀 관계에서의 소통은 일방적일 가능성이 큽니다. 하지만 아이라고 해서 무조건 부모의 지시에 순응하고 따를 수는 없습니다. 아이는 부모의 자녀이지만, 그보다 먼저 하나의 인간입니다. 우리가 그렇듯 스스로 선택할 기회, 편하고 쉬운 것을 택하는 경향성을 가진 인간입니다.

　어떤 선택권도 자녀에게 허락하지 않는 일방적 부모 밑에서 자란 자녀가 주로 사용하는 소통 방식이 아날로그 방식이라는 것은 많은 의미를 전달합니다. 부모가 자녀와의 관계에서 두 가지 방식 모두를 사용하고, 아이가 보내는 메시지를 존중하려고 하면 아이는 만족감을 느끼고 편안해합니다. 이러한 만족감은 아이가 자기 의사를 분명히 전달하는 디지털 소통을 할 수 있도록 하는 동력이 될 것입니다.

　부모와 자녀가 중요한 소통을 할 때 부모는 디지털과 아날로그 방식 모두를 이해할 수 있어야 합니다. 여기에는 부모가

‖ 적당히 눈치를 활용하는 열린 소통이 필요합니다.

이렇게 해 보세요! 아이의 말을 이해하기 위한
체크리스트

◦ 아이가 말한 언어적 의사소통(디지털)의 내용은 무엇인가요?

◦ 비언어적 의사소통(아날로그)의 내용은 무엇인가요?

◦ 두 개의 메시지 사이에 모순은 없었나요?

◦ 만일 디지털 방식과 아날로그 방식의 메시지 사이에 불일치가 있다면, 아
날로그 방식으로 전달된 메시지를 우선순위에 두고 해석해야 합니다.

인지적 함정에 빠진 가족

혁신의 아이콘 스티브 잡스Steven Paul Jobs는 경직된 사고를 가진 사람이었습니다. 그의 전기 《스티브 잡스Steven Jobs》를 쓴 월터 아이작슨Walter Isaacson은 그것을 '현실왜곡장'이라고 불렀습니다. 그는 받아들이고 싶지 않은 현실은 거부하고, 자기가 받아들인 생각은 주변 사람에게 세뇌를 시키려고 했습니다. 그는 현실이 자기 생각에 부합하지 않으면 냉정하게 거부했습니다. 여자친구가 낳은 딸을 버리기도 하고, 암 진단도 거부했습니다. 자동차 번호판 달기를 거부했고, 장애인 전용 주차 구역에 차를 대는 등 언제나 정해진 규칙을 받아들이려고 하지 않았습니다. 특히 그의 경직된 사고는 흑백논리의 형태로 잘 나타났는데, 그가 직원들을 평가할 때 그 결과는 '천재' 또는 '멍청한 놈'뿐이었습니다. 그들의 업무 평가도 '최고'거나 '완전 쓰레기'였습니다. 극단적인 이분법적 사고지요. '완전 쓰레기'로 분류된 직원들도 물론 힘들었지만, '최고'에 속한 직원들도 고통받긴 마찬가지였다고 합니다. 늘 잡스를 만족시킬 수는 없으니 언제든 '완전 쓰레기'로 전락할 수 있다는 불안이 그들을 괴롭혔습니다.

월터 아이작슨은 잡스가 "스스로를 통제하지 못하고 일부 사람들에게 거의 반사적으로 사악하게 굴었으며" "왜 가끔씩 그렇게 못되게 구는지" 도저히 이해할 수 없었다고 밝혔습니다. 잡스 자신뿐 아니라 동료들과 부하직원까지 힘들게 했던 잡스의 행동은 경직된 사고라는 인지적 함정이 만들어낸 불행의 산물일 것입니다.

부모도 인지적 함정에 빠질 수 있습니다. 인지적 함정은 그릇된 추론에서 비롯된 유연하지 못한 사고방식입니다. 즉, 경직된 사고를 가진 채 문제에 접근하거나 해결하고자 할 때 발생합니다. 의도치 않게 아이를 힘들게 하거나, 커다란 잘못을 저지르는 부모의 핵심 문제는 사고방식과 관련 있습니다. 이러한 원인을 깨닫지 못하면 경직된 사고의 틀에 갇히게 됩니다.

부모의 경직된 사고 중 대표적인 것은 '부모인 나는 옳고 자녀인 너는 틀렸다'는 흑백의 논리입니다. 특히 아이가 문제행동을 하면 이러한 부모의 흑백논리가 더욱 강화됩니다. 아이가 무례하고, 심술궂고, 다른 사람을 자기 마음대로 조종하려 할 때, 또는 산만하거나 짜증스럽고, 파괴적인 행동을 하면 부모는 그에 대한 반응으로 아이에게 화를 내거나 아이를 비판하고 거부합니다. 그러한 행동이 반복되면 아이는 악이고 부모는 선이 되어 스스로를 고통받는 피해자로 인식하게 됩니다. 이러한 흑백의 분명한 인지 구조가 공고하게 만들어지면 아이의 부정적 행동을 무한 반복 시키는 악순환이 발생합니다. 아이의 부정적 문제행동과 부모의 아이를 향한 경직된 사고가 마치 단단한 톱니바퀴처럼 서로 맞물려 돌아가는 것이지요. 이러한 상태가 지속되면 아이의 변화를 기대하기 어렵고, 아이와 부모 모두 고통스러운 상태로 내몰립니다.

이분법적 흑백논리는 유연성과 융통성이 없는 경직된 사고를 통해 세상을 양극단으로 나눕니다. 완벽하거나 쓸모없거나, 티 하나 없거나 불결하거나, 좋거나 나쁘거나, 선하거나 악하거나 등. 오직 둘 중 하나입니다. 이러한 이분법적 사고는 무엇이든 양극단의 둘 중 하나에 속하는 것으로 인지합니다. 스티브 잡스가 직원들을 '최고'와 '완전쓰레기'로 구분하고, 그 외에 어떤 가능성을 인정하지 않았을 때 발생했던 현실 왜곡처럼, 이분법적 흑백논리는 현실을 잘못 인지하도록 이끕니다. 이러한 사고를 가진 부모와 갈등하고, 전혀 대화가 되지 않는 태도에 힘들어하는 아이는 부모의 경직된 사고로 인해 지속적으로 고통받고 있는 것입니다.

이분법적 사고에서 벗어나려면 자신이나 타인의 나쁜 점과 좋은 점을 통합하여 생각할 수 있어야 합니다. 세상에는 흑백만 있는 것이 아닌 노랑과 주황도 있다는 것을 알아야 합니다. 또한 세상에는 나와 다른 생각도 존재한다는 사실을 알게 되면, 좀 더 넓은 시각으로 주변을 바라볼 수 있습니다. 나와 다른 시각과 생각을 나만의 흑백논리에 넣고 판단을 하기보다는, 호기심을 갖고 지켜보며 판단을 유보하려는 자세가 필요합니다.

아이들 중에는 인지가 지나치게 한쪽으로 편중되어 있고 왜곡된 사고를 하는 경우가 있습니다. 이 경우 아이만의 문제가 아니라 부모도 역시 비슷한 문제를 갖는 것을 자주 목격합니다. 아이는 부모와의 상호작용 속에서 세상을 보는 시각과 생각의 능력을 배우기 때문입니다. 부모는 아이와의 소통에서 흑백이라는 양극단으로 이루어진 단 두 가지 세계만이 아닌, 다양한 가능성을 존중하는 열린 사고를 허용할 수 있어야 합니다.

제안

: 장점 찾아 칭찬하기

　부모가 아이에 대한 흑백논리에서 벗어나는 길은 아이에게 긍정적인 부분을 찾아서 인정하는 것으로 시작됩니다. 예를 들어, 부모가 한 마디를 하면 열 마디로 자기를 변호하는 아이에게서는 자신의 의견을 논리적으로 주장하는 힘을 볼 수 있습니다. "나중에 크면 실력 있는 변호사가 될지도 모르겠어"라고 생각하며 훌륭한 자질을 가진 아이로 보는 생각의 전환이 필요합니다. 아이에게서 긍정적인 면을 발견하면 아이에 대한 경직된 사고에서 유연해질 기회를 가질 수 있습니다.

문제행동 해결을 위한 성찰

1. 평소 아이에 대해 어떻게 생각하는지 노트에 솔직하게 적어 보세요.

2. 그중에서 부정적인 것에 동그라미를 칩니다.

3. 동그라미를 친 부정적인 시각에 대해 하나하나씩 비판적인 시각으로 살펴봅시다. 아이가 언제나 아이가 그러한지, 다른 면도 있진 않은지 생각해 보세요.

   예: 말이 많음→말주변이 좋아 친구들에게 인기가 좋다.

4. 아이의 긍정적인 면을 찾아 적어 보세요.

   예: 긍정적인 시각을 가져 주변 사람들을 기분좋게 해 준다.

이 중 구 속 이 만 들 어 내 는 　　병 리 적 혼 란

　　소원이의 엄마는 아이가 좋아하는 간식을 직접 만들어
주곤 했습니다. 그런데 아이가 먹기에는 지나치게 많은 양의 간식
을 만들어서 주면서, "너 요즘 살이 너무 많이 찐 것 같다. 간식을
너무 많이 먹지는 마"라고 잔소리를 했습니다. 아이는 자기가 좋아
하는 간식을 이만큼이나 만들어 주면서, 동시에 너무 많이 먹지 말
라고 잔소리를 하는 엄마의 모습에 혼란에 빠졌습니다.

　엄마의 행동에는 두 개의 상반된 메시지가 있으므로 아이가 혼
란에 빠질 수밖에 없습니다. 간식을 잔뜩 만들어 준 엄마를 보면

맛있게 먹어야 하는데, 그렇다고 마음 편하게 먹을 수는 없는 상황에서 '도대체 엄마는 나보고 어떻게 하라는 거야?'라는 생각이 들 수밖에 없습니다. 그런데 엄마 입장에선 정성껏 간식을 만들어 주면 고맙다고 해야 하는데 잔소리에 항변부터 하면 기분이 상합니다. 이 상황에 엄마가 자신이 먼저 혼란스러운 메시지를 보냈다는 것을 인지하지 못하고, 아이에게 섭섭하다고만 생각한다면 둘 사이에는 소통의 문제가 깊어지게 될 것입니다.

인간관계의 안전감은 예-아니오의 분명한 경계에서 만들어진다. 소통방식 중에서 가장 심각한 장애를 일으키는 것은 '예'도 아니고, 그렇다고 '아니오'도 아닐 때입니다. 이처럼 상대방의 메시지에 어떻게 대응해야 할지 혼란에 빠지게 하는 소통방식을 '이중구속(Double bind)'이라고 합니다.

소통에서는 상대방에게 보내는 메시지는 하나여야 합니다. 상반된 두 개 이상의 메시지를 보내면 상대방은 메시지를 이해할 수 없습니다. 더구나 한 개의 메시지 안에 상반된 내용을 각각 담고 있으면 상대방은 혼란에 빠져 이러지도 저러지도 못합니다. 말 그대로 치명적인 소통방식은 말 하나만으로도 상대방을 패닉 상태로 이끌 수 있다는 것입니다. 이러한 소통방식에 오랫동안 노출된 사람은 치명적인 질병인 정신 분열로 내몰릴 수 있습니다. 이중구속의 소통방식은 가장 무서운 독성을 가진 소통방식인 셈입니다.

한참 놀고 있던 아이가 엄마를 보고 반가움에 달려와서 안기려고 했습니다. 그런데 이때 엄마는 아들을 피해서 몸을 돌렸고, 아들은 엄마를 안지 못하고 허공을 향해 손을 내밀뿐이었습니다. 순간 당황한 아들이 가만히 서 있는데 엄마는 아들을 향해 "왜 그러고 서 있어? 엄마가 반갑지도 않아?"라고 비난하듯 물었습니다. 아들의 마음은 그것이 아니었습니다. 오히려 반가움에 어머니를 향해 달려왔죠. 그런데 어머니는 오히려 그런 아들을 비난하고 있었습니다.

아이의 엄마는 몸으로 거절했지만, 말로는 아들을 향해 사랑하는 것처럼 말했습니다. 이때 아들은 큰 혼란에 빠집니다. 어머니가 나를 거절한 건지, 아니면 사랑하는 건지 도무지 파악하기 어렵고, 어느 것을 선택하든지 100퍼센트 수용할 수 없는 상황입니다. 이렇게 불분명하고 모순적인 메시지에 장시간 노출되면 아들은 어머니와의 소통에서 언어적 소통방식보다는 비언어적 소통에 의존하게 됩니다. 그러면 아들은 언제나 어머니의 눈치를 살피면서 의중을 파악하는 아이로 자랍니다. 이러한 과정은 아이에게 대단히 스트레스 상황이 되며, 아이와 어머니 사이에는 심각한 소통의 문제가 발생합니다. 또한 이것은 다시 모자관계의 어려움으로 이어집니다. 가족 안에서 발생하는 소통의 문제는 단지 소통의 문제만 발생하는 것이 아니라 수많은 관계의 문제와 갈등을 일으키는 주요 원인이 됩니다. 아이 입장에선 어머니와의 관계가 언제나 힘든데, 그 이유가 무엇인지 알지 못해 고통받게 됩니다.

이중구속의 소통은 대화를 나누는 두 사람의 위계가 동등하지 않을 때 주로 발생합니다. 그 예로는 상사와 부하직원, 교사와 학생, 부모와 자녀와 같이 동등하지 않은 상황이 있습니다. 부모와 자녀의 관계는 일방적인 관계로, 동등하지 않습니다. 가족 안에서 동등한 관계란 부부관계입니다. 그러니 당연히 부부관계보다 부모자녀 관계에서 이중구속 소통이 훨씬 더 많이 발생합니다.

왜 이러한 잘못된 소통 방식이 발생하는 걸까요? 이중구속 소통 방식은 무의식적인 차원에서 만들어집니다. 부모가 자신의 감정을 솔직하게 표현하는 데에 익숙하지 않기 때문입니다. 솔직한 표현은 상대방에게 상처를 주기도 하지만, 다른 사람의 마음을 움직이며 신뢰를 쌓습니다. 자신의 감정에 솔직하지 못하면 자기의 속마음과 겉으로 표현되는 내용 사이에 차이가 발생합니다. 지나치게 자기의 감정을 표현하지 못하게 되면 겉으로 표현되는 것과 속마음 사이에는 그만큼 간격이 벌어져 상대방을 혼란스럽게 하는 잘못된 소통 방식이 만들어집니다.

제안

: 나는 어떤지 돌아보기

  이중구속 상황을 겪어본 적이 있나요? 부모 자신이 어린 시절 이중구속 소통 방식에 노출되었을 경우, 자라서 자신도 모르게 그것을 따라 할 수 있습니다. 이 질문에 답해 봅시다.

  '내가 느끼는 솔직한 감정과 겉으로 표현하는 것 사이에 불일치가 존재하는가?'

  또, 이중구속적인 상황에 노출된 자녀는 어떤 감정, 입장을 가질까요? 만일 불일치가 존재해 나도 모르게 이중구속의 소통을 사용해 왔다면, 앞으로는 자녀에게 메시지를 보낼 때 내 마음속 감정과 겉으로 드러나는 메시지가 일치하도록 의식적으로 노력해야 합니다.

부모의 파괴적 권리

　　아이를 위하는 좋은 부모는 본인의 의지와 학습만이 아
닌, 부모에게서 좋은 가정을 경험한 경우에 더욱 좋은 부모가 될
가능성이 큽니다. 어린 시절에 경험한 사랑을 먼 훗날 부모가 되었
을 때 돌려주는 것입니다.

　부모와 자녀의 관계는 단순히 둘만의 관계가 아닙니다. 여기에
는 수십 세대를 이어오는 관계와 패턴이 연결되어 있습니다. 부모
와 자녀라는 관계는 이미 수세대를 통해 이어오는 관계의 방정식
인 셈입니다. 이 말은 단지 부모의 의지만으로 자녀와의 관계를 쉽

게 바꾸거나 조정할 수는 없다는 의미입니다. 부모가 경험을 통해 어떻게 자녀와 관계를 맺는지, 어떤 방식으로 소통하는지 경험해 보았어야 합니다.

아이에게 나쁜 부모는 부모 본인만 문제를 가진 것이 아닙니다. 사랑은 받아봤어야 줄 수도 있습니다. 사랑받지 못한 아이는 그것을 무의식적으로 반복하려는 경향을 보입니다. 이러한 맥락 속에서 만들어진 개념이 '파괴적 권리(destructive entitlement)'입니다.

어떤 부모들은 어린 자녀를 이용하거나 착취하여 자녀에게 깊은 상처를 줍니다. 또한 본의 아니게 부부관계 문제, 고부 갈등, 경제적 어려움 등으로 힘든 경우, 자녀에게 적절한 돌봄을 주지 못하고 방치하거나 겨우 필요한 돌봄만을 제공하는데, 이렇게 힘든 환경 속에서 성장한 자녀는 자신이 당한 것을 다시 돌려주고 싶어 합니다. 한국 사회의 고질적인 문제인 군대 내 상급자의 하급자에 대한 폭력과 폭언, 간호사 집단 안에서 신입 간호사에게 향하는 '태움' 등이 '사랑받지 못함을 돌려주려는 욕구'입니다. 보통 가족 안에서는 그 대상이 자녀인 경우가 많으며, 이때 돌려주려고 행사하는 권력을 '파괴적 권리'라고 부릅니다.

부모가 자신이 당한 것을 자녀에게 돌려주려고 하는 것은 의식적인 행동이 아닙니다. 이런 행동은 무의식적으로 이루어지며, 어린 시절 부모와의 관계에서 있었던 일이 반복되고 있음을 스스로 알아차리지 못합니다. 현재 자기 자녀와의 관계에서 벌어지는 행동 패턴이 이전에도 있었다는 것을 인지하지 못하고 "어쩔 수 없이, 힘들어서, 말을 안 들어서, 답답해서" 등으로만 생각합니다.

어린 시절 조금의 실수도 용납하지 않는 어머니 밑에서 성장한 영희 씨는 이제 엄마가 되었습니다. 그리고 영희 씨는 어느 순간 딸아이의 작은 실수에도 심하게 화를 내는 자신을 발견했습니다. 딸이 그 나이대에서 흔히 할 수 있는 잘못에 대해서도 심하게 실망하고, 감정적으로 대응했습니다. 영희 씨가 이것을 깨달은 것은 남편과의 대화를 통해서였습니다. 그리고 영희 씨는 자기도 어린 시절. 어머니에게 비슷한 대우를 받았다는 사실을 기억해냈습니다.

어린 시절 영희 씨는 매사에 최선을 다했지만, 가끔은 어머니의 맘에 완벽히 들 수 없었습니다. 그때마다 눈을 동그랗게 뜬 어머니는 이렇게 묻곤 했습니다.

"어떻게 네가 이럴 수 있어? 이정도밖에 못하는 거야?"

영희 씨는 자신이 그 모습을 정말 싫어했다는 것을 떠올렸습니다. 딸을 마치 동료나 또래 어른처럼 훈계하고 실망하던 모습이 너무나 싫었는데, 지금은 자신이 그러한 모습을 반복하고 있었습니다.

파괴적 권리로 인한 행동은 부모와 자녀 관계 안에서 끊임없는 소통의 문제와 관계의 어려움을 만듭니다. 제삼자의 객관적인 처지에서 보면 아무 의미 없는 무리한 규칙과 조건을 만들어 아이의 일상을 힘들게 옭아매고, 불필요한 갈등과 문제를 불러으킵니다. 편안하고 행복할 수 있는 아이에게 일부러 고통을 만들어 주는 듯한 상황을 연출하게 됩니다.

　부모는 자신이 파괴적 권리로 아이를 힘들게 하고 있다는 사실을 모릅니다. 오직 제삼자나 당사자인 아이만이 무언가 잘못되었다는 것을 알게 됩니다. 하지만 아이가 아무리 부모에게 무언가 잘못되었고, 너무 힘들다고 호소해도 부모는 알아듣거나 이해하지 못합니다. 그러다가 아이가 도저히 참을 수 없는 지경에 이르러 문제행동을 일으키거나 증상을 갖게 되면 그때서야 비로소 아이의 입장을 살펴보고 아이를 이해하게 됩니다.

　부모가 파괴적 권리를 행사하여 힘든 어린 시절을 보냈다면 그 분노, 원망, 수치심, 죄책감, 우울 등의 감정이 내면에 남습니다. 존중받고 사랑받아야 했을 어린 시절이 무참히 파괴되고, 고통받은 것이 '미해결 과제'로 남아있으면 무의식적으로 해결하고자 하는데, 그 해결 방법은 자신에게 일어났던 방식을 반복하는 것입니다. 피해자는 가해자가 되고 파괴적 관계가 만들어집니다. 파괴적 권리로 인한 고통의 반복은 수세대를 통해 전수되는 문제로, 불행의 관계가 대물림됩니다.

제안

: 세대는 연결되어 있다

부모가 자녀에게 주는 사랑과 돌봄은 아무런 대가를 바라지 않는 행위여야 합니다. 부모는 자녀를 돌보고, 자녀는 나중에 자신의 자녀를 조건 없이 돌봅니다. 이러한 순환구조가 우리 가족을 건강하게 유지하는 원칙이 됩니다.

한 가족 안에서 수세대를 걸쳐 이어져 반복하는 파괴적 권리의 반복성은 끊어져야 합니다. 그 시작은 이러한 악순환의 패턴을 알아차리는 것에서 시작됩니다. 부모가 자신에게 행했던 일과 내가 자녀에게 행하는 일을 개별적으로 보는 것이 아니라 연속되는 관계의 방식이라는 것을 인식해야 합니다. 세 세대가 서로 연결되어 있다는 것을 인식하면 드디어 부모와 나, 나와 자녀의 관계를 분리하는 작업이 가능해집니다.

여기에서는 가해자와 피해자의 구분이 모호해집니다. 어린 시절 자녀에게 살갑게 대해 주지 않은 어머니에 대해 상처를 가진 여성이 있었습니다. 그녀의 어머니를 단지 자녀에 무관심한 어머니라고 규정 지을 수는 없습니다. 어머니에게도 나름의 이유가 있었습니다. 무능한 남편, 그리고 그 때문에 경제적으로 어려운 가정을 짊어지고, 시어머니와의 갈등까지 겪으며 힘겨웠던 어머니의 삶, 이것을 생각해 보면 다른 시각이 열립니다. 자녀에게 따뜻한 사랑을 주지 못한 어머니이지만, 이러한 환경 속에서도 가정을 버리지 않고 묵묵히 지킨 것만으로도 감사한 마음을 가질 수 있습니다.

두 번째로, 파괴적 권리로 인한 부모자녀관계의 어려움을 변화시키기 위해서는 부모 자신이 겪었던 문제는 내 자녀와는 아무 상관 없는 별개의 일이라고 규정하고, '지금 여기(here&now)'의 입장을 가져야 합니다. 과거의 경험을 떠올리거나 비교하려는 생각에서 벗어나 '지금 여기', 즉 현재에만 머물려는 입장을 가져야 합니다.

상처 입은 어린 시절의 나, 내면아이

　　골목에 어린 고양이 한 마리가 서서 울고 있습니다. 오랫동안 굶었는지 가엾은 몰골입니다. 지나던 사람들은 새끼 고양이가 울고 있는 모습을 무심히 쳐다보고 지나쳤지만, 한 사람은 그냥 지나치지 못하고 집으로 달려가 참치 통조림을 하나 들고 왔습니다. 굶주린 고양이나 유기견을 돌보는 사람 중에는 '동일시'로 표현될 수 있는 심리 현상을 가진 경우가 있습니다. 본인이 버림받았으며 혼자라고 느끼는 사람들은 길에 버려져 누구의 도움도 받지 못하는 동물들을 자신과 동일시합니다. 동일시의 감정은 동물뿐만 아니라 자녀에게도 옮겨집니다. 또한 자녀와 자신을 구분하지 못하는 경우도 발생하곤 합니다.

어린 시절 충분히 사랑과 돌봄을 받지 못한 사람은 파괴적 권리를 통해 상처를 반복하거나 특정 자녀에게 지나치게 많은 사랑과 관심을 주는 모습을 보입니다. 한 자녀에게만 사랑을 쏟으면서 과거에 자신이 받지 못한 사랑을 보상받으려는 것입니다. 상처를 반복하는 것도 문제이지만, 지나치게 넘치는 사랑과 돌봄 역시 부담스럽기는 마찬가지입니다.

어린 시절의 부족한 사랑은 곧 결핍의 발생을 의미합니다. 이러한 결핍의 불균형을 맞추기 위해 다음 세대에 지나친 사랑과 돌봄을 과잉을 발생시켜 궁극적으로 해결을 이루려고 합니다. 지나친 사랑을 받은 자녀는 부모 자신과 동일시한 것으로, 자녀를 돌보는 행위는 바로 사랑받지 못한 자기 자신을 돌보는 행위가 됩니다. 즉, 자녀가 부모의 상처 입은 '내면아이'의 역할을 하는 셈입니다.

프로이트는 우리 안에 내면아이가 산다고 말했습니다. 어린 시절 상처받은 그때의 마음이 내면에 살아 있다는 말입니다. 내면아이는 우리의 심리적 아킬레스건을 일컫는 말입니다. 아무리 긴 세월을 살았더라도 수없이 만나는 문제와 갈등에 대한 대응 방식에는 어린 시절의 결핍이 영향을 미칩니다. 내면아이는 내면에 존재하다가 어린 시절의 상처와 유사한 환경을 만나면 밖으로 뛰쳐나와 마치 아이처럼 퇴행적으로 행동하게 됩니다.

　동일시의 감정을 통해 자녀를 내면아이 삼는 부모는 커다란 문제를 갖습니다. 자녀는 결코 부모 자신이 아니거든요. 부모와 자녀는 다른 사람이고, 서로 다른 인격체입니다. 아이에게는 부모의 지나친 사랑과 돌봄이 부담스럽고, 오히려 고통이 됩니다. 간식이 생각났을 때 초콜릿이 있다면 기분 좋겠지만, 삼시 세끼 초콜릿만 먹어야 한다면 고통스러운 것과 마찬가지입니다.

　자녀는 어느 순간 부모 행동의 모순 알아차립니다. 부모의 지나친 사랑과 돌봄이 자녀인 자신에게 초점이 맞추어진 것이 아니라 부모를 향한다는 사실을 알게 됩니다. 부모의 사랑과 돌봄은 자녀를 위한 것인데, 그 중심이 부모 자신을 향하는 모순 상황 속에서 자녀는 혼란에 빠집니다. 그리고 부모의 지나친 사랑과 돌봄에 고마움을 느끼기보다는 부모와 거리를 두고 싶어집니다. 이러한 행동은 부모 입장에서는 대단히 실망스럽고 화가 나는 일입니다. 당연히 부모와 자녀 간에는 깊은 갈등과 긴장이 만들어집니다. 자녀에게 헌신적인 사랑과 돌봄을 제공했는데, 자녀가 고마워하지 않고 오히려 피하려 하거나 거부하니까요. 이런 일은 내면아이 역할의 자녀가 있는 가정에서는 한 번쯤 겪게 되는 문제입니다. 자녀들은 자신의 감정에 혼란을 느끼고 죄책감과 수치심에 고통받습니다.

부모 자신이 감당하지 못하는 감정을 아이에게 보관하면 아이는 부모의 상처 경험을 담는 저장소가 되어버립니다. 내면아이에 계속해서 사로잡힌다는 것은 과거의 상처로부터 벗어나지 못했다는 것을 의미합니다. 더 나아가서 자녀에게 자신과 똑같은 상처 입은 내면아이를 물려주는 것입니다.

건강하고 성숙한 삶과 좋은 부모가 되기를 바라는 사람들에게 요구되는 많은 과제 중에는 과거에 받은 상처를 피하지 않고 직면할 수 있는 용기가 있습니다. 어린 시절에 받은 상처를 없애려고 무시하거나 회피할수록 오히려 내면아이가 더욱 강해져 퇴행 속으로 빨려 들어갈 수 있습니다. 모두 지난 일이라고 말하면서 과거의 상처를 외면하고, 이미 다 극복했다고 애써 부인하면 내면아이는 더욱 사납게 우리를 괴롭힙니다.

제안

: 괜찮다고 말해 주기

상처 입은 내면아이는 상처를 인정하고, 적극적으로 공감하고 존중할 때 해결될 수 있습니다. 자신에게 '괜찮아'라고 말을 건네는 것입니다. 비록 상처를 가졌지만, 잘 성장했고 부모가 된 자신을 대견스럽게 여기며 인정해 주는 것에서 회복이 시작됩니다.

이렇게 해 보세요! 내면아이와 거리를 두기 위한 체크리스트

○ 자녀를 사랑하고 돌보는 것이 마치 자신을 돌보는 것처럼 절박하고 중요하게 여겨지나요?

○ 당신은 어떤 상황이나 문제 앞에서 불편함을 겪으면 순간 성인이 아닌, 어린아이나 청소년처럼 미숙하게 행동하나요?

○ 미숙한 아이처럼 행동하는 모습에는 어떤 패턴이 있나요?

◦ 미숙한 행동을 반복하게 하는 어린 시절의 상처에 이름을 붙여 보세요.

예: 외로운 아이, 억울한 아이, 슬프고 우울한 아이, 착취당하는 아이, 화가

난 아이 등

◦ 자신과 자녀를 분리하고, 자녀는 나와는 다른 다른 인격적 존재임을 기억

하세요.

자기애적 성격장애자 부모

다섯 살 난 딸이 아빠에게 물었습니다.

"아빠, 아빠는 왜 저 아저씨를 미친놈이라고 불러?"

그러자 아빠는 다짜고짜 고함을 질렀습니다.

"귀찮게 굴지 말랬지! 그리고 너 방금 뭐라고 했어? 누가 그런 더러운 말을 하라고 했어! 이리 와! 그 주둥아리를 비누로 씻어 놓을 거야!"

그리고 훈육이라는 이유로 딸을 세면대까지 데려가 벌을 가합니다.

이러한 사례가 사실 충격적으로 다가올 수도 있습니다. "정말 이런 부모가 있다고?"라고 물을 수도 있습니다. 안타깝게도, 실제로 이런 가정이 있습니다. 하지만 일반적인 부모가 아닌, 자기애적 성격장애자 부모입니다.

이 사례에서 아버지가 딸에게 가한 책임전가를 정신분석에서는 '투사'라고 부릅니다. 투사는 방어기제 중 하나로, 이들은 자신에게는 아무런 잘못이 없다고 믿기에 갈등이나 문제가 생기면 일관되게 다른 사람 탓, 세상 탓을 하며 책임을 전가합니다. 이런 이들을 '나르시시스트(Narcissist)'라고 합니다. 고대 그리스 신화 중 샘물에 비친 자신의 아름다운 모습과 사랑에 빠져 죽는 나르키소스의 이름에서 따온 단어 '나르시시즘'이라는 말에서 온 것으로, 지나치게 자신에게 몰두하는 경향을 일컫습니다.

어린 시절 상처를 가진 부모는 자기 자신을 늘 못살게 괴롭히는 신경증 환자가 되거나, 자기 이외의 사람들을 못살게 괴롭히는 성격장애자가 됩니다. 자기애적 성격장애자 부모들이 제일 괴롭히는 대상은 바로 그들의 아이들이 될 수 있습니다. 이들은 책임 전가를 하는 사람들로, 마음속에서 자신을 비난의 대상으로부터 제외합니다. 그리고 양심의 가책을 전혀 느끼지 못하고 배우자나 자녀들을 비난하고 책망합니다. 남에게 책임을 전가하면 자신은 편하지만, 주변 사람들이 고통을 떠안게 됩니다.

우리 인간은 어느 정도 자기도취적 모습을 갖고 있습니다. 자기 중심적이고 상대방을 배려하기 보다는 자기의 이익이 중요합니다. 그러나 일상적으로 받아들일 수 있는 정도를 넘어서면 나르시시트가 됩니다. 이들이 가진 가장 큰 특징은 다른 사람에 대한 배려와 공감이 없다는 것으로 이것은 자녀에게도 마찬가지입니다. 이들이 보이는 공감의 자세는 자기의 이익을 위해 다른 사람을 배려하는 척, 공감하는 척 하는 것뿐입니다.

가끔 우리 주변이 자기밖에 모르는 사람들로 가득 차 있다는 것을 느끼게 됩니다. '어떻게 하면 남들을 이용해 이득을 얻을 수 있을까'만 생각하는 사람들, 상대방이 이용 가치가 없으면 언제나 외면하는 사람들 말입니다. 이들은 관계가 시작될 무렵에는 친절하고 사교적으로 보입니다. 그러나 시간이 지남에 따라 차츰 그들의 목표는 오직 자기의 뜻을 관철시키는 것뿐이라는 사실이 드러납니다. 이들은 자기의 목표를 위해 상대를 조정하고 통제하려고 하기에 언제나 자기중심적입니다. 이에 따라 다른 사람들은 분노, 상처, 환멸감, 혼란, 죄의식, 긴장, 위협감, 불안 등을 느끼게 됩니다.

아마 여러분도 이런 사람을 몇몇 알고 있을 것입니다. 우리는 이들과의 관계에서 불행을 느끼는데, 이 불행은 우리가 잘못해서 온 것이 아니라 이들 나르시시스트의 인격적 결함에서 온 것입니다.

나르시시스트적 부모는 투사를 통해 자신의 수치심과 죄책감을 아이에게 떠넘깁니다. 이러한 부모를 둔 자녀들은 부모가 투사한 수치심과 죄책감을 자신의 정체성으로 받아들여 자신의 자존감으로 삼습니다.

예를 들어, 자기의 성적인 욕망 때문에 갈등하는 엄마는 십 대 소녀인 딸을 창녀라고 부르며 몰아세웁니다. 심지어 이러한 상황에 놓인 딸은 어머니가 붙인 꼬리표를 받아들여 정말로 난잡한 성생활에 빠져들어 가기도 합니다. 자신이 받아들이기 어려운 욕망을 딸이라는 스크린에 투사한 것입니다. 이를 통해 엄마는 자신의 성적 욕망에 대한 수치심을 극복하지만, 딸은 치명적인 상처를 입습니다.

저는 치료 현장에서 설명한 자기애적 성격장애가 있는 부모도 보지만, 어린 나이임에도 불구하고 이미 자기애적 성격장애적인 행동을 보이는 아이들도 많이 만났습니다. 도저히 감당되지 않는 아이 중에는 자기애적 성격 장애의 증상을 보이는 아이들일 가능성이 큽니다. 이런 경우 반사회적이고 품행장애로 인해 다른 사람들과 공존하지 못하고 부모마저 감당할 수 없는 아이가 됩니다. 이런 증상을 보이는 아이들을 둔 부모는 하루가 조마조마하고, 아이가 두려워하기도 합니다.

자기애적 성격장애를 보이는 부모나 자녀가 가진 공통점이 있습니다. 바로 공감의 결핍을 가진 사람들이라는 것입니다. 어린 시절의 공감 경험을 충분히 갖지 못한 아이들은 공감을 전혀 하지 못하는 책임 전가자가 될 수 있습니다. 이들이 보이는 이기적이고 삐뚤어진 성격적 특성이 충분히 경험하지 못한 공감의 부족이라는 것은 많은 의미를 내포합니다. 그러면 이들을 치료하고, 회복시킬 수 있는 지점도 바로 공감의 영역입니다.

제안
: 주변을 자주 살필 것

자기애적 성격장애자는 절대로 자기의 잘못을 인정하지 않으며 무엇보다 공감 능력이 없다는 데에서 자기중심적이거나 이기적인 성향의 사람과는 분명히 구분됩니다. 만일 여러분이 이런 나르시시스트들과 자주 엮이게 되고, 이러한 사람들을 좋아한다면, 또는 이런 사람들이 바로 자기 부모라면 자신을 돌아봐야 합니다. 용기를 내어 건강한 경계선을 설정하고 자신을 지켜야 합니다. 부모, 형제와의 관계에서 늘 느껴야 했던 부정적인 감정과 이유를 알 수 없는 수치심과 죄책감이 나의 것이 아닌 부모나 형제, 자매의 자기애적 성격장애의 인격에서 만들어진 것이라면 반드시 당신과 분리해야 합니다.

자존감을 위한 새로운 프레임

우리의 인생은 우리 자신으로부터 만들어지는 것이 아니라 부모의 절대적 영향 속에서 만들어집니다. 부모는 어떻게 살아야 하고, 무엇을 이루어야 하는지 자신들이 믿고 있는 방식대로 자녀를 양육합니다. 자녀는 부모의 양육방식에 따라 자기 자신에 대한 핵심적인 믿음을 형성합니다. 아이의 미래에서 가장 중요한 요소는 '아이가 자기 자신에 대하여 어떻게 생각하는가'입니다. 아이는 자기 자신에 관한 생각과 믿음에 따라 모든 것을 선택하며 살아가게 됩니다.

자기 자신에 대한 평가를 뜻하는 자존감은 인생에서 일종의 나침반 역할을 합니다. 어린 시절 충분히 사랑받은 아이는 자기를 사랑하게 되어 다른 사람에게 사랑받으려고 애쓰지 않습니다. 그러나 충분히 사랑받지 못한 아이는 '사랑한다'라고 말해 줄 사람을 언제나 필요로 합니다. 또는 아예 사랑받는 것을 포기해버리고 무력감과 절망감 속에서 어떤 희망도 없다고 여기면서 살아가게 됩니다. 나침반에 의해 배가 항해를 하듯이, 자존감은 우리 인생의 각본을 진두지휘하는 핵심 요인입니다.

자존감은 아이 스스로 만드는 것이 아닌 아이를 사랑해준 부모에게서 받아 만드는 것입니다. 자존감은 대물림의 대표적인 주제이기도 합니다. 부모의 자존감이 높아야 아이에게 높은 자존감을 만들어 줄 수 있습니다. 우리 인간은 환경에 절대적인 영향을 받는 존재니까요. 아이의 자존감은 엄마를 통해서 안아 주고, 신체를 쓰다듬어 주고, 들어 올려 주는 행동, 그리고 아이의 심리적 및 신체적 욕구에 대해 목소리와 눈빛을 통해서 반응해 주는 것을 통해서 이루어집니다.

자존감 높은 아이를 키우기 위해서는 안전한 환경이 필요합니다. 경제적 어려움, 부부간의 파경 위기, 트라우마에 직면한 환경에서는 안전과 생존의 기본 욕구를 해소할 수 없습니다. 안전과 생존을 보장했다면 아이의 건강한 자존감을 위해 사랑과 소속감의 욕구가 해소되어야 합니다. 아이는 부모의 사랑 속에서 성장한다는 느낌과 더불어 가족 안에서 단단한 소속감을 느껴야 합니다. 소속감은 가족과의 단단한 애착과 신뢰 관계를 통해 만들어집니다.

이처럼 아이의 자존감은 부모의 정서적 그릇에 따라 다르게 만들어집니다. 부모가 가진 정서적 그릇의 크기에 따라 좌우되는 것입니다. 아이는 부모가 웃어 주고 따뜻한 미소를 보내면, 자신이 기쁘고 사랑스러운 존재라는 사실을 알게 됩니다. 또한 부모가 안아 주고 달래 주면 자신이 안전하게 보호받는다는 느낌을 받습니다.

자존감의 낮고 높음은 우리 인생에서 커다란 차이를 만들어냅니다. 그럼 자존감이 높은 아이로 양육하기 위해서는 무엇이 필요할까요?

아이의 자존감을 높이는 것에서 가장 중요한 것은 부모의 아이에 대한 시선입니다. 부모 자신가 아이를 바라보는 시각은 전반적으로 긍정적이어야 합니다. 부모가 아이를 사랑스럽게 보며, 만약 아이가 부정적인 행동을 하더라도 아이에 대한 긍정적 시각을 유지해야 합니다.

몇 가지 양육 기술을 갖춘다고 모든 것이 해결되는 것은 아닙니다. 아이는 본질을 꿰뚫어 보는 힘을 갖고 있기에 아이는 부모의 마음을 볼 수 있습니다. 본마음과는 달리 인위적이고 가식적으로 만들어 낸 말과 행동은 정확히 알아봅니다. 아이의 순진함, 솔직함이 그것을 가능하게 하는 듯합니다. 안데르센의 동화 〈벌거벗은 임금님〉에서 임금님의 우스꽝스러운 모습을 아이가 있는 그대로 알아본 것은 우연이 아닙니다.

그리스의 철학자 에픽테토스Epictetus는 "우리를 혼란시키는 것은 사실이 아닌 사실에 대해서 우리가 품고 있는 견해"라고 말했습니다. 우리는 사실을 있는 그대로 보지 않고, 일정한 견해로, 시선을 갖고 사물을 봅니다. 똑같은 사물이라고 하더라도 어떤 시선으로 바라보았는지에 따라 전혀 다른 해석이 가능해집니다. 어떤 사물이나 현상을 볼 때 자주 갖는 견해나 관점을 바로 '프레임'이라고 합니다.

자존감을 높이는 부모의 양육에서 꼭 필요한 핵심 중 하나는 아이에 대한 기존의 프레임을 찾아내고, 그것을 긍정적인 새로운 프레임으로 변화시키는 것입니다. 부모가 아이에 대해 평상시에 갖고 있는 견해는 아이에 대한 행동관찰에서 나왔지만, 아이 전체를 담고 있지 못할 때가 많습니다. 부모 자신의 부모와의 관계, 현재 부부관계 또는 경제적 상황 등의 환경이 큰 영향을 미칠 수 있기 때문입니다. 화가가 전경의 소실점을 찍고 그것을 향해 배치하듯

이, 부모도 자신이 가진 프레임에 따라 아이의 행동을 보기에 아이에 대한 프레임을 의심하지 못합니다. 한 번도 의심조차 하지 않고 반복적으로 사용되는 아이에 대한 부정적 프레임을 객관적으로 다루는 것이 필요합니다.

아이를 바꾸는 것은 상당히 힘든 일입니다. 하지만 아이를 바라보는 시각의 변화는 부모가 충분히 할 수 있는 일이고, 이것이 바뀌면 아이에게 즉각적으로 긍정적인 변화를 일으킬 수 있습니다. 언제까지나 아이의 변화만을 요구한다면, 지치고 힘들고 화가 날 수 있습니다. 아이의 행동 변화만을 요구하기보다 부모 자신부터 변화하면 훨씬 수월하게 변화를 가져올 수 있습니다.

제안
: 새로운 프레임을 만드는 작업

아이를 향한 여러분의 시선을 점검해 봅시다. 당신은 아이에게 어떤 프레임을 씌워 보고 있나요? "머리가 나쁜 아이", "느린 아이", "멍청이", "집중력이 떨어지는 아이", "매사에 산만한 아이" 등 부정적인 프레임을 찾아냈다면, 이것에 대한 반론을 제시합시다. 적어도 5가지 이상 반대해 보세요. 만일 그만큼 찾지 못하겠다면, 그만큼 부정적인 프레임에 깊이 빠져 있다는 것을 반증하는 것입니다.

찾아낸 아이에 대한 부정적인 프레임과, 그것에 대한 5가지 이상의 반론을 적어 놓고 기존의 프레임을 약간 수정해 봅시다. 예를 들어, 기존의 프레임이 아이를 집중력이 약하고 매사에 산만한 아이로 보게 한다면, 수정된 프레임은 아이를 "호기심이 많고 새로운 것에 관심이 많은 아이"라는 새로운 시각으로 바라보게 합니다.

자녀를 떠나보내지 못하는 부모

　　최근에 단골 미용실이 갑자기 문을 닫았습니다. 원장님
이 친절하고, 늘 솜씨 좋게 머리를 다듬어 주어서 믿고 다니던 곳
이었습니다. 동네에서 꽤 유명해서 예약하지 않으면 미용을 할 수
없을 정도로 잘되는 미용실이었습니다. 갑작스러운 폐업 이유는
원장님의 건강 문제였습니다. 그녀는 사십 대의 나이에 이미 유방
암, 갑상선암을 가지고 있었고, 최근 건강 상태가 더욱 안 좋아졌
다고 했습니다.

　원장님에게는 언제나 모든 것을 통제하는 시어머니와 마마보이

같은 남편이 있었습니다. 시어머니의 만행은 동네에서도 유명했습니다. 남편은 남편과 아빠의 역할이 아닌, 어머니의 아들 역할에만 충실했고, 모자의 끈끈한 애착 관계는 며느리에게 지나친 요구를 할 수 있도록 만들었습니다. 시어머니는 나이에 비해 젊고 활동적이었는데, 며느리는 서서히 병들어 가고 있었습니다. 저는 시어머니와 남편이 재능 있는 한 여성의 삶을 갉아먹고 있다는 생각을 떨쳐버릴 수가 없었습니다.

몸은 마음의 상태를 그대로 반영합니다. 누군가를 죽도록 미워하고, 말할 수 없는 상처 때문에 속앓이하고, 참을 수 없는 분노 때문에 매일 밤에 잠 못 이룬다면 결국엔 몸에 탈이 나게 되어 있습니다. 그렇게 되면 몸이 느끼는 통증을 잠재울 약을 찾아 이 병원 저 병원 전전하게 됩니다.

아이의 질병 또한 단지 육체적 질병으로만 볼 것이 아니라 심리적 시각에서 보면 치료에 많은 도움을 얻을 수 있습니다. 심리학적 접근에서는 육체의 질병은 일종의 마음 자가 치료의 결과입니다. 고통스러운 상처를 숨기기 위해 말문을 닫아버린 아이의 억눌린 감정이 몸을 통해서 표현되는 것입니다. 특히 심인성 질환에 속하는 위염, 두통, 복통, 천식, 여드름 등은 그 너머에 어떤 마음의 갈등이 있는지 살피지 않으면 상처의 뿌리를 다루지 않는 치료가 될 수 있습니다.

또한 지나치게 밀착된 모자 관계는 단지 둘만의 문제가 아닙니다. 부부관계가 원만하지 못하면 부부 중 한 명은 자녀에게 더욱 집착합니다. 부모를 떠날 수 없는 자녀들은 단지 의존적인 성향을 갖게 되는 것이 끝이 아닙니다. 자녀는 불행해하는 엄마와 아빠를 두고 떠나지 못하기 때문입니다.

이렇게 생겨난 과도한 애착은 자녀들이 성인이 된 후에도 부모에게서 벗어나지 못하게 만듭니다. 모든 일에는 원인과 결과의 연쇄 고리가 있죠. 부모의 과도한 애착의 대상이 된 자녀기 성인이 되어 결혼하면 배우자를 우선순위로 두고 친밀감을 형성하는 데 어려움을 겪습니다. 배우자에게 정서적으로 다가갈수록 부모에게 죄책감을 느끼고, 부모도 자녀가 자신에게서 멀어져가는 것에 대해 언어적, 비언어적으로 불편함을 표시하면서 자녀는 더욱 혼란에 빠지게 됩니다.

불행한 결혼 생활의 대표적 원인은 배우자보다 부모를 우선시하는 태도입니다. 이는 언제나 부부관계를 파경으로 이끕니다. 자녀가 부모로부터 정서적으로 독립하지 못하면 그의 결혼생활은 인격, 성격, 능력과는 상관없이 파국을 향해 갑니다.

우리 인간은 성장과 독립이라는 과제를 안고 있습니다. 성장하기 위해서는 부모와의 단단한 애착이 필요합니다. 자녀는 부모에게 정서적으로 의존하며, 이러한 의존 관계 속에서 자녀는 안전하게 성장할 수 있습니다. 하지만 자녀가 점차 성장해 나가면서 부모와 정서적인 독립과 분리를 이루어야 합니다. 부모로부터의 독립과 분리는 부모가 여전히 필요하며 정서적으로 의존적인 관계일 때 이미 시작되어야 합니다. 이 과정에는 자녀와 단단한 애착을 형성하면서도 서서히 자녀의 독립과 분리를 허용할 수 있는 부모가 필요합니다.

사실 자녀의 입장에서는 부모로부터 벗어나 새로운 환경과 사람들에 적응하는 것이 어렵지 않습니다. 새로움에 대한 기대와 흥분이 불안함을 이깁니다.

문제는 부모죠. 유년기부터 쌓은 애착관계와 의존성이 사라지는 것을 보면 서운할 수밖에 없습니다. 당연히 부모는 현 상태가 계속되기를 원합니다. 많은 성인이 자녀들이 겪는 딜레마가 이 부분에 존재합니다.

"엄마, 아빠는 네가 원하는 삶을 살기를 바란다. 미래를 키워나가 자유롭게 독립하고, 너의 가정을 이루길 바라. 하지만 동시에, 엄마와 아빠는 네가 우리로부터 독립하는 것을 허락할 수 없다."

부모는 당연히 자녀가 행복하길 바랍니다. 하지만 자녀가 행복한 미래를 살기 위해서는 필요한 것이 있습니다. 바로 부모와의 새로운 관계 설정입니다. 부모의 역할과 위치, 관계가 유년기 때처럼 이어지면서도 자녀가 행복하기란 어렵습니다. 따라서 부모로부터 정서적 독립과 분리를 이루어, 이제는 부모와 성인 자녀로서 새로운 관계를 맺어야 합니다.

제안
: 부부관계〉부모자녀관계

가족 안에서 우선순위는 부부관계입니다. 건강한 가족을 만들고 자녀의 미래를 건강하게 열어 주려면, 부모와 자녀 관계는 그보다 뒤에 세워져야 합니다. 우리나라 부모와 자녀 관계의 애틋함은 이전 세대를 뛰어넘어 지금까지도 끈끈하게 이어져 오고 있습니다. 많은 가족에서 부부관계보다 부모자녀 관계가 더 친밀합니다. 친밀한 부모자녀관계 자체는 문제가 아니지만, 부부관계가 약한 상태에서 장기간 지속된 부모자녀관계는 자녀의 인생에 깊은 그늘을 만들어 냅니다. 부모자녀관계를 건강하게 유지하기 위해 건강한 부부관계가 필요하다는 사실을 받아들이세요.

성인 자녀와 | 나이 든 부모의 관계

부모로부터의 정서적 독립과 분리에서 실패한 자녀의 모습을 보여주는 것이 생텍쥐페리Antoine de Saint Exupéry의 어린 왕자와 같은 이미지입니다. 이들은 영원한 소년에 사로잡혀 성인의 삶이 요구하는 사회생활에 잘 적응하지 못합니다. 자신에 맞는 직업 정체성을 형성하는 것을 어려워하고, 현실에 머물기를 거부하며, 막연하고 모호한 기대와 공상에 빠져 막연히 자신이 미래에 잘되거나 또는 자신을 구원해 줄 인물이 나타날 것이라고 믿습니다.

어린 왕자의 영원히 소년같은 모습은 무엇보다 어딘가에 매이거나 소속될 때 갑갑함과 불안함을 견디지 못함에 있습니다. 이러한 특성은 아무런 규율에도 얽매이지 않고, 아무것도 하지 않고 빈둥대는 젊은이들의 모습에서 잘 나타납니다. 우리 인간은 현실적으로 언제나 소년, 소녀에 머물 수 없습니다. 성장은 우리 인간의 오래된 숙명이니까요.

자녀의 성장은 독립과 분리의 과제를 통해서 나타납니다. 앞서 말했듯 이것은 자녀의 몫만이 아니라 부모의 지지를 필요로 합니다. 부모의 지지란 자녀에게 독립하라고 등을 떠미는 것이 아닙니다. 자녀가 스스로 자기의 인생을 선택하고 결정하도록 지지하고 격려해 주는 것을 의미합니다.

캥거루족이 된 자녀들에게는 너무나 뛰어난 부모가 있는 경우가 많습니다. 그리고 이 부모들은 경제적인 부분뿐만 아니라 다른 세세한 부분까지 개입하여 자녀를 완벽하게 돕곤 합니다. 결과적으로 이들은 완벽한 부모의 선택과 결정, 경험에 의존하게 되고, 자기 삶에 대한 선택의지를 내려놓습니다. 이들은 부모로부터 벗어나고 싶은 욕구의 표출을 문제를 저지르거나 사고를 치는 등의 일탈로 표현하지만, 결국 부모와의 의존적인 관계에서 벗어나지는 못합니다.

청소년 시기를 지나 성인기에 들어선 자녀와, 중년의 시기를 지나가는 부모 모두에게 새로운 관계 설정이 필요합니다. 이것은 자녀와 부모 모두에게 힘든 과제입니다. 또한 자녀의 미래에 대단히 큰 영향을 미치는 것입니다. 가족심리학은 이 시기를 '자녀독립의 시기'라고 말합니다. 또래 집단과 친밀감을 형성하고 미래의 직업을 위해 준비하는 시기로, 결혼 전 단계입니다. 이 시기에는 꼭 부모로부터의 독립과 분리가 필요합니다. 만약 부모가 독립과 분리를 지지하지 않는다면 자녀는 부모와 홀로 싸워야 합니다. 부모와 자녀의 잦은 갈등과 긴장, 부모의 적은 지지와 후원은 자녀가 독립해서 미래를 준비해야 하는 중요한 시기를 허비하게 만들 수 있습니다. 이 시기를 허비하면 미래를 위한 준비보다는 현재의 갈등에 매몰되어 무기력하고 예민한 청춘으로 전락할 수 있습니다. 결과적으로 자기의 미래 준비에 에너지를 쓰지 못하기에 실패하고 모든 것이 꼬이기 시작합니다.

부모에게 벗어나는 것에 실패할 가능성이 높은 자녀는 어쩔 수 없이 부모와 애증관계가 되어 캥거루족이 됩니다. 더 이상 어미의 배 속에 있기에는 너무 크지만, 그렇다고 홀로서기를 하지는 못하는, 그런 캥거루가 되어 자녀와 부모 모두에게 불행이 시작됩니다.

외동인 우리 아들은 대입에서 삼수를 하면서 부모에게 의존하는 시기가 길어졌습니다. 아들이 삼수를 할 때는 이미 성인이 된 지 오래였지만, 여전히 고등학생을 데리고 있는 심정이었고, 관계도 그다지 독립적이지 않은 상태였습니다. 그러다가 원하던 대학교에 입학하고 기숙사 생활을 하면서 본격적으로 새로운 관계 설정에 들어갔습니다.

우리 부부는 아들의 자율권을 인정해 주고 성인이 된 아들의 의견을 존중해 주려고 애를 썼습니다. 당연히 그 과정에서 아들과 엄마가, 또는 아들과 제가 여러 번 다투고 심하게 충돌했습니다. 하지만 성인이 된 아들의 위치를 존중하려고 애를 쓰면서 갈등은 완화되었습니다.

제가 아들이 더 이상 예전의 아들이 아니라는 것을 느낀 순간이 있습니다. 우리 가족은 자주 여행을 다녀서 호텔에서 묵는 경우가 많았습니다. 아들은 자기가 좋아하는 부산 해운대의 호텔에 우리 부부와 함께 가는 것을 좋아했는데, 대학교에 들어가서 기숙사 생활을 하면서부터는 함께 여행을 다니거나 같이 호텔 방에 있으려 하지 않았습니다. 그래서 어느 순간 우리 부부만 따로 여행하고 아들은 집을 지키는 것이 자연스럽게 되었습니다.

이제 아들과의 가족 여행이 끝났다는 사실에 조금은 아쉬웠습니다. 왜 나이 먹으면 부부가 중요하다고 말하는지 실감하는 순간이었습니다. 아들은 이제 학과 친구들과의 여행과 만남에 집중하고, 그것을 즐기고 있습니다.

아들이 우리 곁에서 멀어진다는 아쉬움은 있었지만, 그럴 때마다 아들과 같은 나이일 때 나는 어땠는지 생각해 보았습니다. 저 또한 아들의 나이 무렵 부모에게서 정서적으로 독립해 인생을 개척했고, 정서적으로 부모와 분리해서 가족 외의 사람들과 친밀감과 우정을 형성했습니다. 그 결과가 지금의 저를 만들었습니다. 그렇게 생각해 보니 아들의 독립과 분리를 존중하고 적극적으로 지지해야겠다는 생각이 들었습니다.

부모에게서 막 벗어나려는 이 시기는 자녀의 인생에서 참 중요한 시기입니다. 자녀의 앞으로의 인생에 많은 영향을 미칠 것이기 때문입니다. 자녀가 부모로부터 정서적으로 독립하고 분리될 수 있게 되는 지점은 부모가 있는 가정을 쉴 수 있는 장소, 언제라도 돌아올 수 있는 곳으로 생각할 때입니다. 부모에 대한 죄책감, 의무감, 수치심, 의존성에서 벗어나 자신의 자세와 행위를 긍정할 때 오히려 부모의 역할을 편하게 받아들이게 되는 것입니다.

◆

자녀와의 행복, 몰입

　　퇴근하고 돌아왔을 때 아내의 "잘 다녀왔어요?"라는 간
단한 인사는 하루의 고단함에 대한 위로이고, 어린 아들이 웃으며
마중나오는 모습은 그 어떤 것으로 대체할 수 없는 행복입니다.
　저의 삼십대와 사십대에서 가장 행복한 순간에는 언제나 아내
와 아이가 있었습니다. 사실 결혼 초에 저는 부모가 되는 것을 망
설였습니다. 부모가 될 자신도 없었고, 편안하지 않았던 나의 유년
기가 반복될 수 있다는 막연한 두려움이 저를 엄습했습니다. 하지
만 아들이 태어났고, 저는 아버지가 되었습니다. 아이가 자라는 동

안 아들의 공부 때문에 골머리를 앓기도 했고, 사춘기 시절 말도 안 듣고 반항적인 아들을 잘 성장하도록 이끄는 일이 쉽지 않았지만, 저는 부모가 된 것에 여전히 너무나 감사합니다.

오십 대가 된 지금, 아이 없이 늙어가는 주변 사람들을 보면 왠지 쓸쓸함이 느껴지며, 이들 앞에서는 말을 조심하게 됩니다. 자식이 없다는 것은 중년 이후의 삶에 가장 큰 결핍감으로 다가옵니다. 솔직히 자식을 대체할 수 있는 것이 있을까요? 지금 제 마음으로는 그 어떤 것도 자녀를 대체할 수 없습니다.

얼마 전 공항에서 비행기를 타기 위해 기다리고 있었습니다. 어린 자녀를 둔 한 가족이 대기석으로 오자 주변은 금세 아수라장이 되었습니다. 두 꼬마 악동들이 계속해서 조잘대며 엄마 아빠의 대답과 반응을 불러일으켰습니다. 또한 정신없이 돌아다니며 부모를 힘들게 했습니다.

얼마 후 사십 대 중반으로 보이는 두 부부가 각각 아기 포대를 각각 두르고 나타났습니다. 요즘은 아이를 보기 어려우니 호기심으로 포대 안을 들여다보았는데, 거기에는 아기가 아닌 반려견이 있었습니다. 반려견들은 아주 조용했고, 반대로 두 악동은 부모의 정신을 잃게 만들 정도로 활동적이었습니다. 이 두 가족만 비교해 보면 오히려 반려견이 더 키우기 편해 보일 것입니다.

최근 한국사회는 서구에서 들여온 개인주의와 개인만의 지나친 행복을 추구하는 사회 분위기 속에서 아이를 낳는 것을 꺼리는 듯합니다. 자녀를 출산하는 사람을 신기해하거나, 사서 고생길로 들어간다고 생각한다지요? 문제아를 위한 방송 프로그램의 부작용일 수 있지만, 문제아의 일부 증상을 일반화하여 평범한 아이마저 '금쪽이'로 생각하며 양육하면 힘든 상황으로 이어질 수 있습니다.

모든 아이가 문제행동을 하는 것은 아닙니다. 또한 아이들의 문제행동은 성인의 경우와는 달리 즉각적으로 변화할 수 있고, 치료 확률도 80퍼센트가 넘습니다. 만약 아이가 금쪽이가 되어 부모의 마음을 힘들게 할지라도, 아이가 주는 기쁨이 그것을 모두 씻겨내리는 순간이 있을 것입니다. 방송에서는 금쪽이의 부모가 당면한 현실이 지나치게 생생하게 나와 이들 부모의 고통만 강조되지만, 그 금쪽이 아이마저도 부모에게는 커다란 기쁨을 주는 행복의 자원일 것입니다.

미국의 심리학자 미하이 칙센트미하이Mihaly Csikszentmihalyi는 인간의 행복은 플로우(flow)를 발견하는 데 있다고 말했습니다. 플로우는 한국어로 '몰입'이라고 하는데, 무언가에 빠져서 정신없이 시간 가는 줄 모를 때 생겨납니다. 칙센트미하이는 이 개념을 아이들이 정신없이 어울려 노는 것을 보면서 우연히 발견했습니다. 아이들을 키우는 부모들이 늘 느끼는 것이지만, 아이와 놀아 주며 함께 시간을 보낼 때는 시간이 얼마나 정신없이 흘러가는지 모릅니다. 힘이 들고 지칠 수도 있지만, 아이가 부모에게 분명히 플로우의 상태를 제공합니다.

또한 칙센트미하이는 행복에는 플로우와 더불어 의미와 기쁨이 필요하다고 말했습니다. 아이로 인해 정신없이 시간이 흘러가는 플로우 상태에서는 내 소중한 아이를 키운다는 분명한 의미가 만들어집니다. 아이가 말을 안 듣고 고집을 피울 때는 너무 밉지만, 즐거워서 웃거나 신난 표정, 맛있게 밥을 먹는 모습만으로도 미소 짓게 만드는 아이들은 분명 기쁨의 대상입니다.

물론 모든 부모가 아이 키우는 것을 의미 있다고 느끼지는 않을지도 모릅니다. 아이를 키우는 동안 직장생활이나 사회활동을 하지 못하고 육아에만 집중해야 해서 아이가 빨리 크기만을 바라는 부모도 있는데, 이들에게는 아마도 의미가 부족할 수도 있지요. 하지만 의미는 그 일의 객관적 가치 기준이 아닌 주관적인 것에서 만들어집니다. 플로우 상태를 만들어 주는 아이와 함께 하는 것에 시간 낭비가 아닌 소중한 삶의 한 부분이라는 의미를 부여하면 그로부터 생겨나는 기쁨은 우리를 더욱 행복한 삶으로 이끌 수 있습니다.

엄마가 아이에게 행복의 미소를 보낸다면 아이는 당연히 자기가 행복하다고 느끼고 웃음으로 엄마에게 답합니다. 아이가 보이는 미소에 기분이 좋아진 엄마는 지금 이 순간에 행복의 의미를 부여하고 마음속에서 흐르는 기쁨을 아이와 함께 누립니다.

어머니와 아버지, 그리고 아이가 함께 만들어가는 플로우를 통해 우리는 사랑의 진자운동처럼 끊임없이 사랑을 주고받으며 자연스럽게 행복에 가까운 삶을 살아냅니다. 그 정도만 되어도 이미 충분히 많은 것을 성취한 것 아닌가요?

가족상담 전문가 최광현 교수의 우리 가족을 지키는 관계 공부

가족을 다 안다는 착각

초판 1쇄 발행 2024년 5월 31일

지은이 최광현
편집부 구주연, 강서윤
디자인 홍민지

펴낸이 최현준
펴낸곳 빌리버튼

출판등록 제 2016-000166호
주소 서울시 마포구 월드컵로 10길 28, 201호
전화 02-338-9271 | **팩스** 02-338-9272
메일 contents@billybutton.co.kr

ISBN 979-11-92999-38-8 (03180)